中国式现代化社区样板

—— 数字化治理与可持续运营蓝皮书 ——

Chinese Modern Community Template

The Report of Digital Governance and Sustainable Operation

章　威◎主编

ZHEJIANG UNIVERSITY PRESS

浙江大学出版社

·杭州·

图书在版编目（CIP）数据

中国式现代化社区样板：数字化治理与可持续运营
蓝皮书 / 章威主编. -- 杭州：浙江大学出版社，2024.
9. -- ISBN 978-7-308-25384-0

Ⅰ. D669.3

中国国家版本馆 CIP 数据核字第 2024A4H660 号

中国式现代化社区样板：数字化治理与可持续运营蓝皮书

章　威　主编

责任编辑	陈佩钰	
文字编辑	蔡一茗	
责任校对	葛　超	
封面设计	雷建军	
出版发行	浙江大学出版社	
	（杭州市天目山路 148 号　邮政编码 310007）	
	（网址：http://www.zjupress.com）	
排　　版	杭州青翊图文设计有限公司	
印　　刷	杭州高腾印务有限公司	
开　　本	710mm×1000mm　1/16	
印　　张	10.75	
字　　数	111 千	
版 印 次	2024 年 9 月第 1 版　2024 年 9 月第 1 次印刷	
书　　号	ISBN 978-7-308-25384-0	
定　　价	88.00 元	

序

　　社区治理工作是强化党的执政合法性、破解基层治理难题的重要抓手。党的十八大以来，习近平总书记提出了关于城乡社区治理工作的一系列新观点、新论断，是新时代中国特色社会主义社会建设的重大创新理论成果，为我们推动新时代城乡社区治理现代化提供了根本遵循。国家"十四五"规划纲要明确把建设现代社区作为提高城市治理水平、加快推进市域社会治理现代化的重要内容。

　　2018年，浙江省率先谋划启动未来社区创建工作。2021年，《浙江高质量发展建设共同富裕示范区实施方案（2021—2025年）》明确提出，要大力建设共同富裕现代化基本单元，全省域建设未来社区。浙江省第十五次党代会进一步强调全省域推进共同富裕现代化基本单元建设，探索基层公共服务新模式，加快城乡社区现代化建设，构建居民幸福共同体。

　　2023年3月，中共中央、国务院印发了《党和国家机构改革方案》，社区工作得到了前所未有的重视。方案明确提出，组建中央社会工作部，统筹推进党建引领基层治理和基层政权建设，中央社会工作部划入民政部的指导城乡社区治理体系和治理能力建设、拟订社会工作政策等职责，统筹推进党建引领基层治理和基层政权建设。这意味着我国社区管理体制进入了新阶段。

在此背景下，受嘉兴市住房和城乡建设局委托，中国电子科技南湖研究院智慧社区实验室与浙江大学公共管理学院、万科万物云城空间运营管理有限公司、浙江绿城未来数智科技有限公司等多家单位联合开展"中国式现代化社区样板：数字化治理与可持续运营蓝皮书"课题研究（简称蓝皮书）。蓝皮书以近年来杭州市、嘉兴市、广州市社区建设为蓝本，分析社区党建、共同富裕、数字化治理和可持续运营等重要议题，总结一批具有嘉兴特色的实践和理论成果，为社区建设提供可复制、可推广的典型范例和经验模式。

中国电子科技南湖研究院

浙江大学

深圳市万物云城空间运营管理有限公司

浙江绿城未来数智科技有限公司

2024 年 1 月

目　录

第一章　党建引领的
社区建设与治理

　　城市社区作为城市社会系统的组成部分,是国家治理的重要基石。城市社区党组织既是城市社区治理体系的领导者,又是提高城市社区治理能力的实践者。2021年,《中共中央 国务院关于加强基层治理体系和治理能力现代化建设的意见》明确了党委领导治理、党建引领社会参与的政策目标。党的领导已经成为当代中国城市社区治理的显著特征。

　　随着城镇化与市场化进程深入发展,城乡社会系统向开放、自由流动的状态转变,社会经济成分、组织形式、利益关系出现多元化趋势,基层社会治理环境发生了根本性的变革。面对中国社会结构的深刻转型,有必要通过党建的力量将与基层治理有关的政府职能进行整合,对治理层级、治理功能和公私部门之间的关系进行有机协调,促进社会治理体系走向一个以合作为核心的整体治理模式,从而修正"碎片化"治理的弊端。在整体性治理的理念下,以中央社会工作部的成立为标志的党建引领的社会治理体系将体制内外的力量统合在党的引领下,形成系统、科学的治理体系,真正实现"治理体系的现代化"。

　　嘉兴市在社区治理中,始终坚持以党建为引领,构建党组织统一领导、资源充分整合、群众广泛参与的社区治理模式,不断完善具有嘉兴辨识度的社会治理体系。在未来的工作中,要进一步发挥党组织的整合作用,以党建引领赋能物业公司与业委会,保障与优化多元主体协同共治体系,加强与创新多元主体共治方式,全面凝聚社区治理合力。

一、社区物业与业委会运营存在的主要问题

当前,社区制的管理模式已取代街居制模式,成为中国最基本的基层管理体制。随着实物分房制度的终结,城市中新建商品房小区迅速涌现,以拥有房屋产权的业主为主体、由业主委员会聘请的物业服务企业提供物业服务来运营的小区业主自治模式成为普遍现象。社区人员结构复杂化、诉求多元化、生活需求多样化、服务要求专业化,导致城市社区治理的复杂度进一步加大,出现了一系列的困难和问题。例如,社区基础设施建设水平参差不齐,社区管理应用尚未形成规模,小区房屋和物业管理服务层次低,物业管理矛盾频发,社区自治机制不健全,社会力量与居民的参与度不够,党建引领的社区治理格局尚未形成,以及可持续的运营模式尚未形成等。其中,由政府力量主导的社区居委会、作为市场主体的物业、主要由社会力量构成的业主委员会和居民之间,围绕物业管理、开发商遗留问题、社区治安管理、公用设施配置、共用部位使用、业委会成立、居委会选举换届等事件常常产生分歧,给社区的治理带来了新的挑战。

(一)物业运营监督管理不足

缺少有效机制和组织对物业运营进行监督和管理。业主、社区及街道、住建部门是与物业企业关联最深的主体,但在应对物业纠纷时又都各有不足。业主和物业企业是单纯的市场关系,但单纯市场化物业管理模式中的信息不对称导致无法实现业主与物业公司之间的对等契约关系,业主在维权和与物业企业交涉中实际处于劣势地位。住建部门是物业企业的行业主管,通过颁布管理规范条例、考核物业企业等方式进行监管和引导,但作为高级别的政府部门,在处理协调具体问题中又难免有人力不足、效率低下等问题。而街道和社区虽对物业企业有属地管理权力,但物业企业的行为属于对应小区业主的市场化契约行为,行政力量只能在中间发挥协调作用而不便直接施加影响。

物业在运营过程中占据支配地位导致运营透明性低。由于缺少有效的监督机制,一部分物业管理者处于优势地位,对服务产出、资金使用具有话语权;而业主群体则成为较为弱势的一方,对购买的服务供给数量、质量及标准难以产生实质影响力。由此,造成一系列连带的诸如共有财产管理、资金使用、信息公开、服务品质等问题,如物业管理人向业主作出的承诺常常得不到兑现,共有资源使用与分配不合理,甚至共有部分管理责任缺位,物管资金账户收入、支出与使用的信息不透明以致资金运营处于"暗箱操作"状态,社区共有物权部分的收益处置使业主丧失应有利益,提供的物管服务水准与合同约定、政府规范存在差距,等等。

(二)业委会工作效能较低

支持业委会工作开展的资源与制度尚不完善。业主委员会是代表业主利益、提出业主诉求、监督物业公司管理运作的组织。但在实践过程中,由于《物业管理条例》中对业主委员会的成立时间和经费的具体描述并不非常具体,业主委员会既没有对应的资源支持,也没有规范的用人与退出机制。因此没有其他部门对业委会的用人与内部的活动进行监管,在愿意参与人数都可能无法达到规程的最低要求时,难以采用某一标准对参与业委会的人选进行考核。同时,业委会虽然有主任,但主任与委员之间实际上并没有等级关系,可能存在推诿争执的行为。虽然业委会在规程上代表业主的利益,但业委会没有权力处置危害公共安全的行为。对于这些行为,物业管理人只能进行劝阻,在程序上需要由业主委员会进行管理。但实践中,业主委员会也没有对应的权力进行处置,且业主委员会成员也缺乏执行处置的决定的动力。

业委会事务繁杂降低居民参与意愿。业主本身是由于购买同一小区的房屋而成为邻居,成为共同物权的共有人,并产生共同管理权,相互之间并不熟识,缺乏血缘关系及其他社会关系的纽带,业主相互之间的诚信难以建立。在实践中,业委会开展的工作都是触及居民自身利益、易导致冲突和矛盾的工作。例如,物业费的提高需要经由业委会决定,但由于物业服务作为公共物品,具有非竞争性和非排他性,因此大多数居民都不愿牺牲个人专属的利益去实现集体利益,即投入更多的经费支持物业开展服务,因此业委会在开展工作时易受到其他居民的质疑。由于业委会的职位不存在约束,完全依靠热心居民的志愿行动支撑,在面临众多反对意见的情况下,部分业委会成员选择辞职,业委会的工作因此无法开展。同时,大部分居民对业委会成立的流程、步骤和相关的律例等并不熟知,即使有人熟知,但成立过程漫长等原因也可能打击组织者成立的积极主动性,加大了成立业委会的难度。当下,业委会面临无指引、无资源的情况,其作为基层自治居民组织,不隶属于其他部门,也无法获得其他部门的资金支持,在完全依靠居民自我组织、没有有效激励的情况下,业主委员会难以保证正常开展工作。

(三)社区可持续运营机制存在缺陷

业主和物业公司的矛盾降低小区服务质量。随着小区的使用年限逐渐增加,各项设施老化,维持原有服务水准需要的投入成本也随之增加。但业主对物业管理费的增加持反对态度,因此小区服务质量可能下滑。此时业主对物业无法兑现服务承诺的不满进一步增加，叠加运营透明度低的问题，业主可能以冷漠、不配合的态度来应对物管，并以拒缴物业管理费等行动作为回应，抵制现有物业管理人的运营，要求更换服务受托人，罢免其对共有物权部分的管理权。业主与物业管理人的利益冲突，让一部分社区物管运营陷入社区内权力关系紧张的境地，还造成业主对物业管理人的信任危机，从长远看，物管问题也使得城市社区可持续运营、发展，以及宜人环境维持、业主不动产保值增值的愿望受到冲击。

老旧小区缺少发展机会，难以吸引专业物业进入。老旧小区由于历史原因，往往没有配套的物业。但老旧小区的自身特征也阻碍了物业的进入。老旧小区基础设施老化，物业需要更多的投入来维持服务水平；老旧小区的住户往往收入不高，许多小区主要的住户为老年人等弱势群体，无力承担较高的物业管理费，也较少需要高端的增值服务；老龄化程度高的社区组织业主委员会存在困难，聘请物业的程序难以完成；老旧小区缺少商铺、停车位等设施，物业的增收机会较少。因此，老旧小区往往不存在物业，或只有"准物业"负责安保、垃圾清扫等基础业务，部分服务需要由社区"两委"承担，加重了社区其他治理主体的负担。由于老旧小区低廉的收费标准和较低的物业费收缴率，物业公司普遍不愿进入老旧小区。因此，许多老旧小区的居住环境尚有较大的提升空间。

二、嘉兴市党建引领社区治理的主要做法与成效

作为红船起航地,嘉兴市把推进治理体系和治理能力现代化和满足人民日益增长的美好生活需要有机结合起来,形成了以新时代"网格连心、组团服务"为代表的基层治理创新实践,通过构建走访连心全覆盖、问题诉求全收集、工作资源全下沉、分级分类全处理、服务过程全评价"五全"工作机制,提高基层治理的社会化、法治化、智能化、专业化水平,着力打造共建共治共享的基层社会治理新格局。

(一)提升基层党建的组织动员能力

抓基层、打基础是加强党建引领社区治理的长远之计和固本之举。嘉兴市注重加强党的基层组织建设,提升基层党建的组织动员能力,把基层党组织建设成为领导基层治理的坚强战斗堡垒,使党建引领基层治理的作用得到强化和巩固。

着力建设党建引领的网格治理体系,打造基层社会治理的有效平台。截至 2021 年,嘉兴市已划定 4608 个全科网格,并在此基础上以 20—50 户为单位划设微网格 9.26 万个,实现社区治理的进一

步细化,精细管理的进一步加强。在划定网格的基础上,通过发挥党员、干部在基层社会治理中的骨干作用,突出党建引领的治理体系。成立市委书记任组长的新时代"网格连心、组团服务"工作领导小组,由市委组织部和市委政法委牵头推进基层党建与基层治理融合工作。推进党支部建在网格上、党小组建在微网格上,成立网格党支部4922个、微网格党小组5.1万个,构建"镇(街道)党(工)委—村(社区)党组织—网格党支部—微网格党小组—党员先锋站活动阵地"五级架构体系,推动党的组织和工作有形有效全覆盖。在网格覆盖的基础上,落实在职党员到居住地报到和编员进组定岗位、定责任、定奖惩"一编三定",推行"三必到、七必访"等联系服务群众制度,推动全市所有机关企事业党员干部下沉社区(村)到岗服务,完善网格治理组织架构。

积极培育党员理想信念,多种形式开展学习活动强化党员教育。在学习活动上,嘉兴市组织开展"两学一做"学习教育、"不忘初心、牢记使命"主题教育,以多种方式丰富党课载体,创新学习形式:结合红色剪纸、红色戏曲等开展红色教育;邀请党校老师、共建单位领导及社区有威望的老党员讲党课;开展党员"重游南湖革命纪念馆"。同时,充分发挥好支部书记、委员及党小组组长作用。推动以支部为单位开展党员教育管理和学习,协助各支部制订工作计划,鼓励支部书记为党员上党课,开好专题组织生活会、先锋指数评议。结合国家级权威理论学习资源,线上线下立体开展党支部活动。在空间营造上,在公共区域打造红色空间,积极进行党建宣传。例如桂苑社区在社区中建设红色党建广场、红色长廊、党建阵地介绍主题合影墙、阵地活动主题展览区、艺术装置体验、红色骑行、休闲露台等区域,推动党建宣传在社区深入人心。同时,结合社区活动需要,在社区的一站式邻里中心内设置社区文化多功能活动区、阅览室等,可实现组织党建活动、教育、节假日活动、讲座、商业化培训、社群建设等多种功能。

依托数字赋能打造智慧党建,实现党建引领社区治理的新模式。通过完善市县一体化智能化公共数据平台建设,畅通信息链条,打破部门间信息壁垒。截至2021年,平台已累计接入109亿条党建和政务数据、2000多万条物联网数据,15.05万路、980亿条视频感知数据。逐步将各部门和单位的公共服务业务系统与全市"社会治理云"整合接入,并与"浙里办""浙政钉"等省级公共服务平台在线互联互通,实现信息一次采集、多方共享。依托数据平台实现网格数字化,创新建立"浙里网格连心"应用。集成先锋引领、连心服务、战时集结、镜像分析、综合运用五大场景,包括党员报到、连心走访、问题办理、红哨组团、评价分析等30余项实用功能,归集"七张问题清单""基层治理四平台""12345"等七大数源系统数据,整合实现"网格民情一屏掌控、资源力量一体协同、组织指令一键智达、工作成效一榜亮晒、问题隐患一图呈现"。现有20.2万名党员干部上线激活使用,走访联系群众331.4万户次,推动解决村社网格问题事项 1.1 万余个,开展服务事项 5500 余件。

(二)提升党建引领的基层治理能力

伴随着城镇化进程的加速,社区规模不断扩张,人员结构更加复杂,社区治理面临越来越多的新挑战。面对市场化进程中社区利益的分化及矛盾增多、社会力量的成长还不成熟等问题,嘉兴市的社区党建通过以组织化应对非组织化、创建社区秩序,以及以组织化撬动社会发展、创造集体行动的条件的方式,收集治理问题,搭建沟通平台,链接外部资源,协调各方力量,实现党建引领下的有效基层治理新模式。

加强联系群众,提升问题识别解决能力。拓宽联系群众渠道,"面对面"走访倾听民意诉求。确立每月固定日期为网格走访日,党员干部进格入户,"面对面"倾听收集群众的操心事、烦心事、揪心事。引导党员干部主动融入居住地的"排舞队""健身队"等社区活动团队,增加交流互动,掌握群众所思所想所盼,现场解决矛盾或提交网格连心工作机构统筹落实。完善群众联系组织架构,实现问题高效快速识别。在嘉兴市的社区内,每个网格配备网格长(村社干部)、专职网格员(镇街招聘)和网格协管员(网格中心户、楼道长、"三小组长"和社区辅警等),每个微网格至少配备一名微网格长(机关在职干部、热心群众、企业技术骨干等),对网格内的人、物、地、事、情等信息进行全面采集和动态更新。截至 2022 年，全市共配备网格员 2.5 万名、微网格长 15.02 万名。应用数字化系统提升问题识别效率，对于社区中的问题，可以通过在"微嘉园"主动上报，矛盾调处中心受理，以及天眼、无人机、智安小区等视频系统自动发现等途径识别，将基层社会治理诉求高效收集到各级指挥平台。同时，南湖区创新建立了"七星阁"网格连心、组团服务综合指挥服务平台，通过精准整合数据信息，实现百姓身边事"秒接快办"，不断提升群众获得感、满意度。综合分析群众诉求，多方协调提升问题解决能力。全市专兼职网格员、微网格长对 22 类 201 项网格事项不间断收集、办理、分析、反馈，三年来已受理各类事项 420 余万件，办结率 99.6%。将受理的高频网格诉求进行综合研判，梳理出老旧小区改造、停车位缺乏等群众最关心的 5 类网格事项，纳入 2022 年政府民生实事工程重要参考项目。2023 年，还组织开展"守根脉、保平安、办实事"网格大走访活动，集中收集解决群众诉求，累计走访居民 227.8 万户次、企业 13.9 万家次，解决问题 12.2 万个，排查风险隐患 4.6 万起，化解矛盾纠纷 8000 余起，群众对干部走访后意见建议回复结果的满意率达到 99.5%。

汇聚群众力量，深入实施"四治融合"示范提升工程。打造居民议事平台，多种方式创新协商模式。推行"一约两会三团"（村规民约，百姓议事会、智囊参事会，百姓参政团、道德评判团、百事服务团），实现民事民议、民事民管。推进小区"睦邻党建"，建立"小区党

建客厅"等议事阵地 1565 个,成立"小区议事会＋'热心服务团''矛
盾调解团'"的"1＋2"小区微治团组 1180 个,有效畅通小区微治理
循环。数字赋能"四治融合",畅通沟通协商渠道。迭代升级集"党
委政府号召、群众互动参与、多元协同共治"于一体的"嘉兴众治"平
台,30 多个市级部门协同推进,建立"嘉园共建""嘉园共商""嘉园
共助""嘉园共富""嘉园共学""嘉园共享"6 项一级任务,并拆解出
38 项二级任务。上线以来持续迭代完善,已覆盖全市 1141 个村
(社区),日均活跃用户达 40 万人次,群众满意率 97.6％,达到"四
治融合"新境界。嘉善县塘东社区为解决梦里水乡小区停车难问
题,社区党员、业委会和物业企业通过"多方议事"功能应用,线上共
商解决方案,高效解决了社区居民关切的现实问题。南湖区穆湖社
区在既有住宅加装电梯时,部分底层住户不同意,造成楼上楼下住
户矛盾较大,社区将这一问题通过智慧社区平台发布,社区党员线
上认领担任"老娘舅",线上或线下开展邻里"矛盾调处",最终 10 个
单元 100 户居民同意率达到 100％。

**推动建立红色物业,以党建引领促进物业管理与基层治理有机
融合。**嘉兴市围绕"上统下分、强街优社"改革,全面推进居民小区
"睦邻党建"工作,加大红色物业品牌建设,充分发挥党建引领作用,
促进物业管理与基层治理相融合,把物业管理力量打造成党的群众
工作队。截至 2022 年,已组建红色物业党组织 1009 个、有党员的
物业企业 181 家,已推动 105 家物业企业通过单建、联建等方式建

立党组织,已有省级红色物业项目 11 个、市级红色物业项目 29 个。高照街道运河社区在运河社区党总支、信达物业党支部、家园党支部下,成立了红管家、红领班、红哨所和红代办四支团队,服务居民需求。同时,经运河社区和信达物业协商,联合成立"红心·云"党小组,物业公司设立红心联络员,小区家园党支部设立红心联络站。红心联络员联系走访"红心·云"党小组组长,交流情况、了解动态、掌握民意,及时解决本单元需要解决的民生问题;红心联络站建档立册,汇总各党小组的工作情况,协调志愿服务大队队长安排工作,不定期召开党小组组长会议,听取意见建议,与物业公司一起制定大型公益活动方案,及时解决业主需要解决的民生问题。红色物业是党建领航基层社会治理的创新实践,促进了物业管理与基层治理相融合。

(三)提升党建引领的社区服务能力

社区作为城市的基本单元,是居民幸福感和归属感的来源之地,也是增强群众获得感、促进社会稳定的基石。提供高质量的服务,识别与满足居民生活需求,是社区的重要功能。嘉兴市的社区党建通过有效动员志愿者,组织开展社区活动,精准满足各项需求,推进党建引领构建和谐社区,重建新型熟人社会,回应居民对美好生活的向往。

　　引导培育社会组织发展，加强交流互动打造邻里共同体。嘉兴市开展"红动禾城·公益创投"大赛，引育孵化了 2 万余个社区社会组织，为社区居民提供专业化服务。同时，扶助 1000 余个优质社会公益服务项目，依托社工组建红色疏导、礼仪向导等专项志愿服务队，培育发展公益类、慈善类、文体类、互助类网格志愿服务团队，将社会组织的专业服务嵌入为民办实事中，把丰富多元的公共服务产品精准投送到千家万户。在全国率先创建的以"嘉心在线""健心客厅"为基础的线上线下一体化心理服务平台，已有一批心理咨询社会组织和 500 多名心理专家入驻，构建了"人人关注、人人参与、人人享有"的社会心理服务体系新格局。运河社区党群服务中心利用优越的阵地建设，除了提供日常办事服务外，结合居民需求，同时开放社区党群服务中心和新时代文明实践站的所有活动场所，并联合各类培训机构，为居民带来各类公益课程。社区服务阵地"全年无休"开放，满足辖区居民的精神文化需求，活跃社区文化活动氛围，同时也为社区志愿者、志愿服务活动提供更多阵地的选择。

　　打造"96345"党员志愿服务中心，通过党建引领有效衔接群众需求。目前，"96345"党员志愿服务中心有 86 家分站、2342 支专业服务队，共计有 2360 多家加盟商、1600 多名个体户和 15.7 万余名党员志愿者；平均每天接听电话 800 余次，最多一天有 3000 多个电话。截至 2022 年，已解决市民电话诉求 480 万余件。"96345"党员志愿服务中心通过结合志愿者的特长，组建卫生医疗、水电安装、居家养老等 19 支特色服务分队。同时,根据群众诉求的数量频次和分布区域,设置服务分站、服务站点,打造"10 分钟服务圈",提升党员志愿服务的效率。此外,结合嘉兴市开展的在职党员"一员双岗"工作,中心施行机关、企事业单位党员岗位认领制度,推动党员到分站、服务站点报到。根据老年人等弱势群体服务需求较多的实际,"96345"建立了特殊群体信息库,发动全市 1.4 万名在职党员、干部带头上门入户结对服务,实现特殊群体诉求专人管、上门办。在日常服务的基础上,"96345"也创新服务,推出更多惠民生、暖民心举措。将每月最后一个星期六定为"96345 党员志愿服务日"。当日,党员志愿者以"党在我心中·我在群众中"为主题,在社区公共空间联动开展集中性志愿服务活动,发挥党员特长,提供家电维修、医疗咨询、配钥匙、磨刀、理发、口腔检查、养老咨询等 20 余项服务。"96345"党员志愿服务中心已组织开展大中型活动 1000 多场次,参与党员超过 20 万人次,服务群众 60 多万人次。

推动社区党员报到机制,培育发展网格志愿服务团队。嘉兴市建立了由 1 个市级党员志愿服务中心、7 个县(市、区)总站、86 个镇(街道)和部门分站、2284 个村(社区)服务点组成的市、县、镇、村四级党员志愿服务组织架构。完善志愿服务培训、积分兑换等管理体制和激励机制,依托"微嘉园"平台,推出"积分兑换、志愿服务"场景,全面提升公众参与志愿服务、平安巡查、反诈宣传等活动的积极性,推动志愿服务制度化、常态化发展。截至 2021 年,全市注册志愿者志愿服务总时长和活跃志愿者人数均列全省第一。南湖街道桂苑社区通过整合已有的党建品牌特色，推出小区"睦邻"党建，并结合"新时代文明实践站"对接社区中医药科普小组、科普示范社区、小区自治"三治"融合、反邪示范社区建设、市老年大学教学点、文体团队等资源，建立"一家人帮你"实践站、"和家园乐活"实践站。高照街道运河社区组建"信达·红心"志愿大队，由大队长主持开展组团志愿服务活动。在服务大队下设置政策法规宣讲、人居环境监督、医疗健康服务、违规现象劝导、安全消防检查、纾困解难、矛盾纠纷调解、交通秩序维护分队。党员作为志愿者践行使命担当，也提升了居民的获得感、幸福感和安全感。

党员走访关心弱势群体，及时提供困难救助和政策支持。嘉兴通过党群融合汇聚社会大救助"项目库"，打造暖心救助品牌项目，通过项目解决困难群众的"衣、食、住、行"等日常生活问题。连续四年升级实施"暖巢行动"，先后共投入 3168.5 万元，为 3755 户困难家庭改造家居硬件、添置必要家具、补助空调电费。实施适老化改造项目，2021 年为 2225 户高龄、失能、残疾的困难老年人改善居家生活照护条件，增强居家生活设施设备安全性、便利性和舒适性。开展困难群众探访关爱助力项目，2021 年共对 92 户遭遇突发事件、意外事故的特殊困难家庭提供心理疏导、转介连接等专业社工服务。秀洲区推进每名机关微网格长与 3—4 名困难党员、困难群众结对，进行定期走访，实时掌握情况，及时开展上门帮扶活动。结合每月 25 日党员志愿服务日,开展"1＋X"组团帮扶困难家庭活动、红色义工服务等活动。南湖街道桂苑社区通过共建单位、在职党员认领微心愿等方式,开展"1＋X"帮扶活动,结对帮扶困难人员。重新建设居家养老服务中心,为更多的老人提供休闲娱乐的活动场所。同时也运用智慧系统,为桂苑的 59 名困难、独居、空巢等特殊居家老年人,安装了南湖区民政局创新实施的区居家养老"云监护"。高照街道运河社区依托红代办,服务小区内的独居、80 岁以上高龄等特殊居民的需求,为其外出就医、配药、购物、理发等提供特殊服务。

三、对进一步完善党建引领社区物管治理机制的建议

随着社区人员流动性与异质性的增加,社区的治理也面临新的挑战。由行政化力量主导的居委会、由市场机制影响的物业和由社会力量构建的业委会分属不同的社会场域,存在各自的内在发展逻辑,受不同的社会动力所牵引。由于各方的利益有所差别,在沟通上可能存在着矛盾和摩擦。因此,需要通过党的领导与赋能克服社区物管治理机制中利益不一致、沟通渠道不畅通的问题,缓解私人利益与公共利益之间的张力,创新社区治理机制。以党建引领对各治理主体进行整合协调,通过嵌入组织和培育骨干等方式,引导党

建引领下的社区物管治理机制的建设,形成社区治理合力。

(一)党建赋能物业公司的机制建设

物业是社区内众多生活服务的提供者、社区持续发展的运营者,是社区治理的重要力量。党组织可以从两个主要的方面赋能物业参与的新型治理机制建设:通过组织嵌入和制度引领创建治理秩序;通过积极培育引导社会力量撬动社会发展,凝聚社会共识。

完善党建引领的基层治理组织体系,充分发挥党组织协调各方能力。推动党组织对物业服务企业的嵌入,推动有 3 名以上正式党员的物业服务企业建立党组织;暂不具备独立组建条件的,通过选派党建指导员、成立党群办、转入党员组织关系、发展新党员等方式推动党组织建设和党建引领;跨区域物业服务企业成立项目党支部或党小组。完善党组织对物业企业的领导制度,推进物业服务企业党组织关系隶属所在社区党组织或街道党工委。提升党组织对物业企业的领导能力,选优配强物业服务企业党组织书记,鼓励负责人、高层管理人员党员担任党组织书记;街道、社区或上级职能部门为管理面积较大的物业服务企业派遣党组织书记;推荐优秀物业服务企业党员负责人担任社区党组织兼职委员,推选优秀物业服务企业项目经理担任社区居委会兼职委员。

培育支持红色物业,破解老旧小区物业缺失难题。在红色物业进驻之前,通过区委和街道进行全方位政治宣传和动员,号召有意愿的物业企业参与公开竞聘。依托党组织评估,确立红色物业资质,结合物业公司的党组织、资产状况、管理能力和发展规划等条件进行择优遴选;对不符合条件但有意愿成为红色物业的企业,可由上级党组织负责指导公司党建。通过资源下沉,以公共资源扶持物业公司进驻老旧社区。对于进驻老旧社区的物业公司,制定配套资源支持的激励政策,使物业公司享受一定的财政补贴。依托购买服务和财政补贴,使物业公司在先期进入时,有足够资源为老旧小区提供清扫保洁、绿化养护、秩序维护、设施维修和设备运行等服务,改善小区居住环境,提升卫生与治安情况,提升居民满意度,为物业公司持续运营打下基础。

建立党建引领的物业行业激励监督机制,推动物业行业服务质量提升。建立高效激励机制,党委组织部门牵头制定物业指数评价方案,以统一评价标准,推进物业标准化建设,增强其履职能力。开展优秀物业企业称号的评选项目,根据指标体系评估结果选出优秀物业,形成监管样板和社区治理新标杆。对于被评为优秀物业的企业,可享受包括专项奖励资金和多项排他性利好政策在内的优惠政策。建立有效监督机制。街道党工委推动形成物业服务企业多方评价和联合监管机制,量化治理指标,由街道对物业公司进行监督和例行检查,做到事前有服务承诺、事中有督促整改、事后有满意度评价,及时曝光物业服务突出问题,完善物业服务企业准入和退出机制，实现物业服务良性运行。对于态度恶劣、行为不当的物业公司，须制定相应的惩罚性规制政策予以纠偏。

探索成立物业服务企业联盟，着力促进社会企业发展与转型。推动物业服务企业由散养型、单干型向联合型、竞争型转型升级。加大支持力度，鼓励和引导物业服务企业兼并重组，走规模化经营道路，提高从业人员综合素质和职业技能，通过标准化服务降低运营成本、提高服务质量，推进物业服务企业良性发展。出台政策促进物业、家政、养老等社会企业发展。以物业服务企业为重点，广泛开展社会企业试点工作。强化物业服务企业的社会责任和公益属性，支持和推动物业服务企业向社会企业转型发展。鼓励有条件的社区推广"平台＋管家"物业服务模式，把现有物业公司管理社区的机制，转型为社区服务由生活服务平台运营商和专业服务供应商组合提供的服务交易机制。建立便民惠民社区商业服务圈，完善现代供应服务管理，创新社区商业供给和遴选培育机制。

将党建引领融入社区认同感与凝聚力建设，重构新型熟人社会。加强物业内党员骨干学习教育，拓展学习活动形式，丰富党课载体，提升物业企业在基层治理中的服务意识、奉献担当意识和初心使命意识。物业主动融入社区治理共同体建设进程。通过配合社区工作，加强与群众的联系，吸取社区管理组织中的优秀经验，提升物业企业员工能力。结合党建主题开展多样化活动组织模式，以居民兴趣为基点，在社区开展多样化的活动，加强居民交流互动,挖掘居民参与潜力,发挥有能力和有意愿居民的优势,提升活动质量,打造邻里互动共同体。打造共享空间,开展社区党建活动。布置多功能公共空间和社区文化活动区、阅览室等,开展例行化党建活动。

推进党建引领的物业志愿服务,有效对接居民需求。与社区协作建设志愿者队伍,以党员和居民骨干为核心建立志愿者网络,建立社区志愿者档案,对社区志愿队伍和志愿组织进行规范管理。发挥志愿者自身优势,根据志愿者特点与所需场景建立不同的志愿者队伍。推动社区积分系统与物业服务兑换,对于参与志愿活动、提升社区生活居住环境的行为,核对后记录可与物业服务进行兑换的积分,提升居民参与积极性。加强典型宣传,发挥志愿者示范作用,对优秀志愿者案例加强宣传,通过授予称号等形式对先进行为进行鼓励。

(二)党建赋能业委会的机制建设

业委会受业主大会委托而成立,其职能包括代表全体业主处理小区服务合同相关事宜,负责小区专项维修资金使用的监管,监督和协助物业公司履行物业服务合同等。其职能的有效发挥是理顺业主与物业关系、实现小区长效运营的关键。党组织在业委会履职过程中,发挥组织优势,通过制度设计、人员选择、精神塑造等方面赋能业委会，推动业委会工作有效开展。

完善党建引领业委会的制度建设，推动业委会工作规范开展。通过出台地方性法规，明确业委会工作规程，从立法层面对具体政策的执行提供依据。在与业委会相关的法规中，应明确党领导业主大会和业主委员会，要求在业主委员会中设立党组织；明确党组织对业主委员会的指导监督作用；明确引导支持党员参选业主委员会。完善激励和考评制度，推动业委会制度可持续运行。建立物质奖励制度。针对当前居民参与业委会积极性有待加强的问题，可对红色物业党支部提供一定的物质支持，鼓励业主组织建立党组织。建立业主组织的考核评价机制，强化业主组织的规范化运行。建立业主组织的考核评价机制，强化业主组织的规范化运行。对业委会的履职进行考核，结果面向社区公开，并将其作为评先表彰和换届的重要依据。通过创新党组织设置的方式实现党组织的全覆盖。采取单建、联建、区域建、派驻党建指导员等多种方式推进业委会、物业企业的组织覆盖，保证党组织对业委会的领导和监督。按照"因地制宜、分类指导、有序推进、应建尽建"的原则，加大对业委会党支部或党的工作小组的组建力度。

引导鼓励居民骨干成为业委会成员，引领业委会和社区发展。通过关口前置把关业委会的人选。在业委会组建和换届过程中，街道社区和主管部门党组织可通过提前介入、严格把关等方式引导、支持业主中的党员积极参与社区事务，受群众信任的居民骨干及具有财务、法律、管理等专长的业主积极参选业委会,使真正受组织认可、群众信任的人成为业委会成员。实行"双向进入、交叉任职"。鼓励属地的总支(支部)委员和居委会委员积极参与社区自治等工作,以业委会换届为契机,推荐"两委"委员经法定程序担任业委会主任或委员。支持专业能力强、素质高的业委会主任、委员进入"两委"委员队伍。以建立党委为基础推动业委会组建。在居民自治基础较弱的社区,可先组建党支部协调引导社区治理,在条件成熟的情况下依托党支部基础成立业委会。

以党建引领塑造业委会共识,推动业主对党组织和业主组织的认同。通过制度化学习机制,强化业主组织的奉献担当意识和初心使命意识。通过开展党建学习活动、建设党建阵地等方式积极培育理想信念。社区党员在社区治理场景中主动表明身份,引领凝聚社区共识。在社交媒体的业主群组中,党员和业委会成员可通过备注等方式表明身份,主动培育数字空间正面讨论氛围。在进行社区事务讨论协商的场景中,通过佩戴党员徽章等方式,凝聚公共事务共识。

(三)对居委会、业委会、物业公司三方协调机制建设的建议

在社区制取代街居制后,社区并非由单一的主体进行治理,而

是形成多元主体共治的模式。社区居委会代表行政力量，物业受到市场机制影响，业主委员会代表来自居民的社会力量，不同的治理主体有各自的内在发展逻辑，追求不同的目标。将各治理主体分散的力量凝聚成合力，发挥各自的优势，形成有效的监督，是形成共享共治的社区治理模式的重要条件。因此，建立党组织领导统筹、各主体积极参与的三方协调机制，通过统筹协调、监督激励和服务保障等机制，可以有效促进主体间的沟通和互动，提升社区治理能力，有力保障基层社会既充满活力又和谐有序。

建立党建引领的三方办组织架构，形成区—街道—小区的多层级治理体系。建立党组织领导统筹、多部门协同参与的三方协同体系。在区层面成立居委会、业委会、物业三方协同治理领导小组办公室联合工作委员会（联合党委），并将区委组织部、区委政法委、区综治办、区民政局、区住建局等部门的工作人员，以及所辖街道的党工委副书记纳入联合党委。发挥街道党工委、社区党委的属地责任，引领物业服务企业及业主委员会的党建活动。街道党工委副书记担任街道三方办主任，负责协调多方力量，牵头抓总。推进由街道和社区党组织完善落实的三方协同治理联席会议制度。定期召开协商会、讨论会，吸纳辖区民警、企业力量参与三方工作。创新性建立小区党组织。吸纳业委会成员、物业企业经理、居民骨干等人员在小区党组织担任兼职委员，统筹小区内各功能性党支部、居民党员共同参与三方协同小区治理。发挥小区党支部在

"小区微治理"中的领导核心作用,定期组织召开小区三方联席会议、组织实施小区民生实事活动。由社区选派成熟社工,作为小区专员下沉到小区内定点办公。由小区专员担任小区党组织第一书记或书记,并兼任专职网格长,拥有调动统筹小区内各种力量资源的权限。小区专员有至少一半的工作时间下沉在小区,在社区内挂牌,在小区内有办公地点。推进物业服务企业和业主委员会党组织建设。将党组织、党员人数比例等情况纳入备案要求、街道达标指数考核等。由所在街道党工委领导物业企业党组织,实施属地与物业协会双重管理机制。建立机关部门直接结对小区工作机制。实现区直机关部门的党组织和在职党员与社区、小区分层结对,实行全覆盖下沉。进一步落实在职机关党员组团到结对小区报到,推选至少一名机关党员作为小区功能型党组织的兼职委员。对于三方矛盾突出、小区管理薄弱、党群服务需求迫切的小区,鼓励区直机关党组织书记和部门主要领导担任社区党委兼职委员。在参与三方协同小区治理过程中及时发现和梳理需要解决的问题,由小区党组织领导议事解决,研究确定需要联动破难项目,提升议事破难质量成效。

建立统筹协调机制,发挥三方办协同治理优势。完善区领导小组定期开展联席会议制度,计议研究工作重点和方向。区三方办定期召开由街道、相关职能部门等参与的会议,推动成文工作方案形成。街道、社区级三方办定期集合三方人员开展议事例会,推动街道层面的会议次数及参会人数情况纳入街道考核及小区治理工作评估标准。推动联席会议以问题为导向,规范化、有序化开展,每次聚焦一个主题,从基层反馈、调研督察等途径收集小区治理中的困难和思考建议。推动代表主体的多样性,联席会议的参议人员应包括区三方办、区职能部门、所辖街道,提出诉求的社区、小区,以及物业、业委会代表,律师、审计机构等第三方。提升讨论议题的广泛性,议题可包括住宅小区的党建引领三方协同工作,住宅小区的业主大会、业主委员会工作,住宅小区物业服务管理工作,住宅小区治理中涉及的城市管理工作,住宅小区治理相关法律法规工作等,实现基层治理领域现象和问题的广泛涵盖。

建立监督激励机制,保障三方办协同治理有效运行。推动对街道三方工作的考核指导,以街道三方办为考核对象,压实属地责任。制定全区街道三方协同治理达标指数、街道物业指数,在考核监督的同时,通过指标明确三方协同的含义和任务,发挥"指挥棒"作用。治理达标指数须覆盖重点指标,包括业委会党员比例、业委会应组建比例、业主监督委员会应组建率、小区经营性收入当年审计率、三方较重大信访处置(矛盾调解)率等。推动三方工作成为街道党工委书记大党建考核述职内容。在物业方面,利用住建局对物业服务企业的行业引领作用,指导督促住建局对物业企业加强规范管理。强化物业行业管理。针对物业党建工作、街道物业管理工作、物业项目管理质量、投诉信访处理等内容,开展月查季考。推动物业管理项目的评分。聘请第三方机构,每季度针对物业管理项目进行现场检查评分和满意度调查评分,根据考核扣分情况落实整改,将整改不到位的物业公司列入严重失信名单。通过考核与奖励对业委会进行引导。推动业主委员会评议办法制定、全区业委会评议开展。通过对自身建设、业务运作、物业监管、协同共治、精神文明等分项打分进行评议,评选示范型、规范型、进取型三类业委会,并授予奖牌、给予奖励,将业委会主任纳入全区科级干部"比学赶超争当标兵"活动,公开隆重表彰,促进业委会规范化履职和能力提升。

建立服务保障机制,协调化解治理矛盾。推动区三方办对业委会规范化成立和运转提供指导。在前期预防和预警阶段,积极推动三方办和律师等专业资源对接,由三方办内住建局方面人员介入指导。建立运行物业费收缴预警程序,将物业费收缴率纳入街道专项工作督导评价指标。通过物业费收缴率的水平高低了解、掌握物业服务情况,按收缴率分四个预警级别,根据预警规则和实时情况,向区住建局、属地街道发布预警信息。探索成立物业"微法庭",实现人民调解和司法调解联动的物业管理纠纷化解模式。推动由住建局和法院在物业纠纷调解中心成立"微法庭",面向辖区内难度较低、非必须通过法律程序解决的物管项目的物业费相关纠纷事件进行诉前调解。由区法院对符合诉前调解的物业费纠纷案件编立"诉前调"案号,分配至对接法官名下,通过"在线矛盾纠纷多元化解平台"将案件委派至区物业纠纷调解中心。对于确定无法成功调解的案件，调解员可出具结案报告，载明具体情况。推动线上投诉渠道的设立。推动区三方办设置线上平台，从源头收集居民和业主的问题反馈。平台在收到居民投诉信息后，同步将信息发送至小区专员、社区三方办主任、街道三方办专职负责人和区三方办各级相关负责人。由小区专员利用小区和社区资源先行处理，若确实无法解决，逐级流转上报至社区、街道乃至区三方办。通过问题收集，实现各级组织体系的信息畅通，使三方办更加直观地把握辖区内问题类型，有针对性地调整政策方向。发挥三方办资源整合能力，提供多样化服务。推动组建审计、会计、律师、第三方服务等社会中介名录库，下发给小区和各级三方办，为三方协同治理工作提供专业化菜单式服务。在全区和街道范围内组织形式多样的专业培训，对象包括三方办工作人员、业委会成员、小区专员等，通过集中化培训、技能大比武等形式展开，提升队伍工作能力。

第二章　社区现代化的共同富裕内涵与共富评价体系

　　共同富裕是社会主义的本质要求,是中国式现代化的重要特征。习近平总书记在 2021 年第 20 期《求是》杂志上发表重要文章《扎实推动共同富裕》,对共同富裕作出新的阐释:"我们说的共同富裕是全体人民共同富裕,是人民群众物质生活和精神生活都富裕,不是少数人的富裕,也不是整齐划一的平均主义。"社区是共同富裕建设的微观实践重要载体,推进现代化社区的建设,促进了人的全面发展和社会全面进步,体现了共享改革发展成果和幸福美好生活的共同富裕内涵。

一、社区现代化:概念与特征

(一)社区现代化的概念界定

1. 从"社区"到"现代社区"

　　社区即邻里共同体,是个体基于相似的价值认同、风俗习惯、目标追求等,自觉形成的亲密无间、守望相助且关系稳定的群体。在实践中,社区是城乡居民居住的空间场域。

1986 年,民政部首次把"社区"概念引入城市管理,1991 年提出"社区建设"概念,2006 年提出"农村社区"概念。2021 年,国家"十四五"规划首次提出了"现代社区"概念,要求推动资源、管理、服务向街道社区下沉,加快建设现代社区,推进市域社会治理现代化。

2. 传统社区与现代社区

传统社区兼有"群众自治组织"和"准行政组织"两种身份,既是"居民的头",又是"政府的腿"。传统社区的治理着重运用行政化的手段,将社区作为上级部门的执行机构,社区往往需要应付上级指派的各种行政事项,存在着条线多头管理、过度行政化、工作负担重,以及社区治理中居委会、业委会、物业公司的职责不清等突出问题。

与传统社区相比,现代社区的现代性着重体现在公共服务的便捷性、参与主体的协同性、新老居民的包容性、资源要素的集成性、治理场景的智慧性、社区环境的安全性。在开启全面建设社会主义现代化国家新征程和高质量发展建设共同富裕示范区的大背景下推进现代社区建设,必须把人的现代化作为核心要义,致力于重构新型熟人社会,更加注重全生命周期服务,更加注重全过程人民民主,更加注重全方位多元共治,更加注重全要素资源整合,更加注重全闭环数字赋能,更加注重全链条风险防控。

因此现代社区可以被定义为:面向人民日益增长的美好生活需要,以人的现代化为核心要义,以构建新型熟人社会为导向,以为民、便民、安民为首要功能,以"党建引领有力、治理简约高效、生活智慧便捷、环境美丽宜居、邻里守望相助、家园安全有序"为基本内涵的人民幸福美好家园。

(二)社区现代化的特征

现代社区以家庭和"一老一小"为基本服务单元,以未来社区和未来乡村为基本建设单元,以党建统领、网格智治为基本治理单元,在浙江体现为"浙江有礼"的基本文化单元,目标是聚焦"舒心、省心、暖心、安心、放心",打造高质量发展、高标准服务、高品质生活、高效能治理、高水平安全的幸福美好家园。"现代"具体体现在社区环境的现代化、社区服务的现代化,以及社区治理方式的现代化。

1. 社区环境的现代化

社区居住环境的现代化特征体现在环境美丽宜居和家园安全

有序。一方面,应该注重优化城乡社区综合服务设施布局,持续优化生产、生活、生态空间,提升社区环境质量,让美丽宜居成为现代社区最亮的底色。另一方面,应提升社区安全和应急管理体系,不断完善现代社区风险闭环管控大平安机制,进一步提升社区矛盾预防化解能力,提高应急管理能力,让社区成为居民最放心、安心的港湾。

2. 社区服务的现代化

社区服务的现代化特征体现在邻里守望相助和生活智慧便捷。一方面,鼓励与邻为善、以邻为伴、守望相助的新型社区文化氛围,推动新时代文明实践中心建设全覆盖,不断提升现代社区文化引领力和居民归属感,使人际关系、邻里关系、家庭关系更加和谐。另一方面,更加注重基本公共服务均等化和优质公共服务共享,实现"一老一小"服务更加普惠便捷,数字生活新服务可感可及,回应居民多样化需求。

3. 社区治理方式的现代化

社区治理方式的现代化特征体现在党建引领有力和治理简约高效上。一方面,确保党的全面领导横向到边、纵向到底,基层组织体系上下贯通、执行有力，以党建整合多元治理力量，形成党建统领、整体智治的现代化社区治理体系。另一方面，推动社会治理重心向基层下移，让基层群众自治更加充满活力，促进共商共建共治共享的现代社区治理共同体建成，最终构建具有网格化管理、精细化服务、信息化支撑特征的基层治理模式。

二、社区现代化的共同富裕内涵

（一）坚持共建共富，完善基础设施，打造以人为本的社区居住环境

完善社区基础设施，对老旧小区原有社区公共空间进行改造升级，拓展社区公共空间，提升社区公共空间质量；基于居民现实需求设计功能分区，以"跨社区、多主体"模式推动邻里中心建设，并推动商业、社会组织、居民社团进驻，满足居民多样化的需求。同时，通过改造社区道路，挖掘地面空间潜力，提升社区空间质量，实现美丽宜居的社区居住环境。

（二）坚持共治共富，创新社区治理，引领社区幸福生活

推动治理重心下沉，以"社区和人的全面发展"为目标，以党建统领未来社区治理。通过党建整合社区、企业和社会组织等治理主体资源，充分发挥居民、员工、志愿者的人力资源优势，增强辖区内企业、社会组织与居民间的黏性，实现从"共商共融"到"共治共享"，最终到"共进共富"的发展路径。同时，推动社区治理的数字化能力不断提升，依托数字驾驶舱、"掌上治社"手机端、居民参与小程序等，实现社区数据一网联通、治理一屏掌控、服务一键智达。

（三）坚持共享共富，推动社区全生命周期公共服务优质共享

围绕"一老一小"服务，在社区建设中不断提升养老、幼托、医疗等公共服务可及性，缩小不同社区及同一社区内不同人群间的公共服务供给差距。在老年康养方面，打造智慧健康养老示范基地，推

动居家养老服务从特困、低保低边对象拓展为覆盖所需人群的普惠养老服务,将养老服务与智慧医疗融合,建立康养结合的社区养老模式,不断推动养老服务的覆盖人群扩大,供给质量提升。在婴幼儿照护服务供给方面,创新社区幼托服务模式,切实减轻居民育儿负担,在邻里中心等公共空间引入专业托育中心、艺术辅导机构、儿童兴趣社团等育儿服务,提升社区托幼服务容量与质量。

(四)坚持精神共富,以公益慈善促进社区精神富足

在社区建设中坚持物质共富、精神共富两手抓,广泛开展志愿服务,打造守望相助邻里圈,让邻里守望成为社区家园的精神纽带、价值取向和行为准则。广泛动员社区居民参与志愿服务,通过构建数字平台与居民的便利参与机制,整合社区、社会公益慈善资源,构建公益慈善数字平台;通过积分制等激励机制,不断培育包容互助的慈善精神,推动社区邻里关系更加和谐和睦。

三、社区共富评价体系

社区现代化具有丰富的共同富裕科学内涵,其建设与发展过程

受众多因素的复杂综合影响。描述社区共富发展水平，需要基于社区实际情况，建立一个差异化的、综合性的评价体系。本书借鉴《浙江高质量发展建设共同富裕示范区实施方案（2021—2025 年)》等相关政策文件，参考国内外学者已有研究成果，深入理解全民共富、全面共富、共建共富、逐步共富，结合社区现代化的共同富裕内涵，探索提出具有浙江特色的社区共富评价体系。

（一）关键指标

整合社区发展资源，着力提升居民获得感、幸福感、安全感是现代社区高质量发展的重要方向。其中，关键指标包括居民满意度、基础设施完善、困难群众帮扶、社区治安状况及志愿者数量五项二级指标。以居民满意度为关键，突出建设平安社区等要素，结合时代特色，构建以满足人民需求为中心的现代社区指标体系。

（二）五大模块

一是社区居民物质富裕。人们对生活质量标准的要求随着时代发展不断提升;同时,随着城市化进程不断推进,现有社区的不适应当前需求的基础设施和生活条件也应进行升级。具体指社区居民物质富裕指标下设发展资源充足、基础设施完备、困难群体共富三项二级指标。

二是社区居民精神富足。社区居民精神富足的分类包括文化引领提升、邻里和睦和谐、多元协商共治、志愿服务活跃四项指标。社区居民精神富足主要为当前所亟待解决的现代社区中的软实力建设问题。

三是公共服务优质共享。优质共享的社区公共服务是打造舒适宜居的居住环境、实现社会公平的重要基础。公共服务优质共享包括基本服务优质、"一老一小"优享两项指标。

四是社区环境宜居幸福。在社区的建设中,需要融入低碳环保的可持续发展能力和防灾减灾的韧性社区理念。社区环境宜居幸福指标主要包括社区环境安全和生活空间绿色两项。

五是数字赋能社区治理。数字化是提升社区治理效能、整合社区资源、实现智慧治理的重要基础。数字赋能社区治理指标具体包括管理智慧高效和数字服务可及两项。

具体指标体系详见表2.1。

表 2.1 社区共富评价指标体系

一级指标	二级指标	具体内容与标准
关键指标	居民满意度	以群众满意度为根本指标,居民满意度在80%以上
	基础设施完善	配备社区停车位,公共活动场地、道路等户外环境建设符合无障碍设计要求,实施加装电梯等适老化改造
	困难群众帮扶	开展助力老、残、困、未保、弱、企退、退役军人等群体共同富裕服务,包括政策性保障服务、身心健康服务、社会工作服务等
	社区治安状况	开展平安社区创建,小区消防安全宣传、设施监管机制等到位,小区治安环境状况良好,无刑事案件
	志愿者数量	引导居民积极参与志愿服务,80%以上社区党员和30%以上居民成为注册志愿者,社区志愿服务队不少于五个,经常性开展社区志愿活动
社区居民物质富裕	发展资源充足	通过"强社惠民"集成改革,盘活社区资源、资产,整合社区空间等路径,推进社区集成服务,提升社区综合服务能力
		加强社区存量空间复合利用。加强社区既有土地集约使用,利用周边存量土地建设服务设施,做强社区资产,提升社区内生力
		多渠道筹集社区发展资源。利用街道、国有企业闲置资产助力社区民生、公益事业发展。通过结对共建、慈善捐赠、购买服务等方式,建立健全社区多元资金投入机制

续表

一级指标	二级指标	具体内容与标准
社区居民 物质富裕	基础设施完备	社区停车位供给充足;有电动车集中停放和充电场所,并做好消防安全管理;有一个建筑面积不小于 30 平方米的公共厕所
		增加公共空间数量和使用率。小型公共空间的服务半径不超过 300 米;公共活动中心区及居住人口密度大于 2.5 万人每平方公里的居住社区内,小型公共空间的服务半径不超过 150 米
		住宅和公共建筑出入口设置轮椅坡道和扶手,公共活动场地、道路等户外环境建设符合无障碍设计要求,实施加装电梯等适老化改造
	困难群体共富	开展助力老、残、困、未保、弱、企退、退役军人等群体共同富裕服务,包括政策性保障服务、身心健康服务、社会工作服务等
		建立社会帮扶机制,搭建慈善平台,居民积极参与"慈善一日捐""公民爱心日""春风行动"
		成立社区基金会,广泛连接企业、乡贤和爱心人士等慈善资源,大力发展社区公益慈善
		支持社会组织服务项目落地社区,引导社区社会组织积极参与困难帮扶服务工作

续表

一级指标	二级指标	具体内容与标准
社区居民 精神富足	文化引领提升	建设"浙江有礼"基本文化单元，建设城市书房、文化驿站等一批有特色、有品位的新型公共文化空间
		建设新时代文明实践中心（实践站），培育志愿服务项目，开展文明实践活动，有效塑造一个以上社区文化家园品牌
		大力倡导"家和万事兴"的社区文化，开展尊老爱幼、勤俭持家、明事知礼等家教家风主题教育和宣传实践活动
	邻里和睦和谐	构建"公共空间＋社会组织＋社区活动"的新型熟人社会体系，围绕"与邻为善，以邻为伴"定期举办"邻居节"，经常性开展传统文化、兴趣娱乐、志愿服务、睦邻活动等社区交流活动
		订立居民公约，提炼社区精神，重视居民公约和社区精神的引领作用
		倡导邻里互助，创造社区交往的空间和契机，建设线上线下多种形式"朋友圈"，增强居民幸福感
	多元协商共治	以引领社区居民开展协商自治为目标，围绕社区居民最为关切的问题，规范有效开展协商自治，形成一个以上典型案例
		专业化社会工作助力社区治理与服务，严格落实专职社区工作者专用于社区工作
		积极培育和发展社区社会组织，支持社会组织服务项目落地社区，引导社区社会组织积极参与社区治理工作

续表

一级指标	二级指标	具体内容与标准
社区居民精神富足	志愿服务活跃	引导居民积极参与志愿服务,80％以上社区党员和30％以上居民成为注册志愿者,社区志愿服务队不少于5个,经常性开展社区志愿活动
		居民骨干队伍健全,积极参与公共事务,发挥居民骨干作用
		居民自治运转成效明显,并至少形成一个居民参与社区治理的典型案例
公共服务优质共享	基本服务优质	对接共富型政策体系,打造共富坊,推进社区服务综合体建设。社区服务综合体按照每百户不低于50平方米标准配建,总面积不小于1000平方米
		在社区服务综合体设置贴合群众需求的服务岗位,提高社区服务综合体利用率
		提升学有所教、病有所医、劳有所得等基本公共服务,打造"15分钟医疗服务圈""15分钟品质文化生活圈""15分钟健身圈"
		实施"幸福清单"和探访关爱机制,加强对"三留守"和困难群众等特殊群体救助帮扶,将符合条件的救助对象纳入救助范围
	"一老一小"优享	加快建设居家社区机构相协调、医养康养相结合的养老服务体系。养老服务清单包括居家日间生活辅助照料、助餐、保健文化娱乐等服务内容
		发展普惠性社区照护服务体系,增加婴幼儿照护服务供给。每千名常住人口拥有三岁以下婴幼儿托位数达到4.5个。托幼所建筑面积不小于200平方米
		加强监控系统、水电表监测系统等,保障老年人及儿童居家安全、社区活动安全,并定期排查

续表

一级指标	二级指标	具体内容与标准
社区环境 宜居幸福	社区环境安全	开展平安社区创建，小区消防安全宣传、设施监管机制等到位，小区治安环境状况良好，无刑事案件
	生活空间绿色	切实做好垃圾分类回收工作，固体废弃物社区就地处理设施、旧物置换或回收利用设施配备齐全
		推进绿色出行的社区低碳环保公益行动。进行人车分流设置，建造自行车及行人专用绿道
		绿化空间不少于社区总面积的 35%，公共绿地和广场面积达到 4 平方米每人。新建居住社区至少建设一个不小于 4000 平方米的社区游园，并设置 10%—15% 的体育活动场地
数字赋能 社区治理	管理智慧高效	建立高效协同、整体智治的治理体系，落实到社区，各个部门协同管理高效
		推进"1612""141"体系与社区的连接贯通，社区管理数字化程度高，做到社区底数清、情况明
		推进精益化政务流程，数字赋能有实效，实现社区工作者任务清单化
	数字服务可及	加强监控系统、水电表监测系统等的建设，保障老年人及儿童居家安全、社区活动安全，并定期排查
		建立物业管理服务平台，推动物业服务企业发展线上线下社区服务业，实现数字化、智能化、精细化管理和服务
		数字赋能养老服务和救助服务、居家养老数字化设施配备、与社区一键式连通等

第三章　社区数字化治理分析

伴随着第四次工业革命,物联网、大数据、人工智能等新兴技术深刻影响着经济社会发展以及国家治理。数字化对经济、社会和政府治理全面转型的意义重大。建设数字中国,推进国家治理体系与治理能力现代化,是以习近平同志为核心的党中央的战略部署。社区是城市社会最基础的单元与细胞,本书以社区数字化治理为切入点和落脚点,全面分析面向政府、物业、居民的社区管理与服务类应用在提升社区治理科学化、智能化、精细化方面的发展水平,为推动打造共建共治共享社会治理格局提出对策建议。

一、社区数字化治理现状分析

习近平总书记指出,"以互联网、大数据、人工智能为代表的新一代信息技术日新月异,给各国经济社会发展、国家管理、社会治理、人民生活带来重大而深远的影响"①。在利用技术对城市治理进行变革和改造的过程中,中国不同地方形成了不同治理叙事方式的多样化治理实践和经验。比较典型、具有代表性的城市治理数字化转型案例包括:北京的城市网格化管理和"接诉即办"、上海推行的"一网统管"和"一网通办"改革、广东的"数字政府"建设、浙江杭州的"城市大脑"实践等。浙江为深入践行以人民为中心的发展思

---

① 习近平向 2018 中国国际大数据产业博览会致贺信.人民日报,2018-05-27(1).

想，牢牢把握人民对美好生活的向往，2018年谋划启动未来社区创建工作。2019年，浙江省人民政府印发《浙江省未来社区建设试点工作方案》，标志着浙江未来社区建设试点工作全面启动。

随着未来社区的提出，社区的概念内涵进一步得到丰富与完善。浙江提出需要把未来社区建成以人为核心的现代化基本单元和人民幸福美好家园，这不仅需要立足于新时代人民需求，满足人民对高品质生活的追求，更需要做好和谐稳定的创建工作，实现社会高效能治理。

科技支撑是实现社会治理现代化的重要途径，未来社区更是浙江数字社会建设的重要载体。数字科技正成为塑造基层社会治理的基础性力量，为解决当前社区治理面临的问题和挑战提供了方案，为社区管理现代化、服务精准化、参与常态化提供了现实路径。

嘉兴市运用数字智慧赋能，通过构建数据资源体系、建设业务应用体系、创建应用服务体系、建设基础设施体系，有力发挥未来社区的技术支撑力，积极促进社区高质量发展、高标准服务、高品质生活、高效能治理、高水平安全。并在未来社区实践探索中形成以业务应用体系推动社区服务智能化精细化、以精益管理平台赋能社区治理高效化现代化、贯通线上线下空间建设激发居民参与年轻化常态化的创建模式与建设经验。

（一）未来社区稳步推进，社区创新服务模式初步成形

自浙江省未来社区建设工作开展以来，嘉兴市始终围绕省委、省政府相关部署要求，高度重视未来社区的创建工作，坚持以人民为中心的发展思想，不断强化顶层设计、做优资源整合，依托经济持续增长的良好支撑基础，充分发挥数字政府、数字经济等技术层面的领先优势，对未来社区建设展开系统谋划、统筹实施、整体推进。从嘉兴实践看，嘉兴市未来社区建设已初见成效。嘉兴市共计19个未来社区入选浙江省未来社区试点（创建）名单。2022年5月，桂苑未来社区获首批未来社区命名；2022年11月，秀洲运河社区、经开文博社区、南湖农翔社区等7个未来社区已完成创建验收，其余项目正在加速推进，这些实践中有效的社区治理及社区服务创新模式亟待辨识，寻求未来社区建设的路径机制。

2020年至2021年是嘉兴市未来社区建设的谋划推进阶段。嘉兴市第一批、第二批省级试点项目共计5个。嘉兴市认真贯彻党中央、国务院决策部署，系统谋划建设未来社区，以"三年成品牌"为建设目标，开展地方未来社区试点建设工作机制，探索未来社区建设嘉兴标准，构建未来社区储备项目库，建立储备项目滚动更新机制，并在省级试点项目的基础上持续推进新一批未来社区的创建工

作，力争未来社区试点项目区县全覆盖。

2021 年至 2022 年为嘉兴市未来社区建设的协同实施阶段。在积极推动第四批省级未来社区申报的同时，稳步推进 10 个列入省级创建项目名单的未来社区的建设工作。一方面，通过召开第四批未来社区创建方案集中评审会，嘉兴市为下一批省级未来社区创建工作打下坚实基础，顺利新增 9 个未来社区，共 19 个项目入选未来社区创建名单；另一方面，深入推进前三批未来社区创建工作，未来社区试点逐渐出形象，首批试点实现智慧平台数字化赋能社区运营的九大场景落地，第二批未来社区实施方案完成省内备案征迁工作全部启动，第三批未来社区积极推进实施方案编制论证评审工作。

2022 年至今为嘉兴市未来社区建设的品牌成型阶段。经过一年多的建设试点，嘉兴市逐渐探索出未来社区建设的特色路径，未来社区成为嘉兴市城市更新与居住品质提升的优质品牌。第一，未来社区的建设制度更加规范。2022 年 6 月，嘉兴市发布省内首个市级技术导则《嘉兴市"温暖嘉"未来社区生活圈配置导则》，技术导则对接未来社区、完整社区、社区生活圈的相关建设要求，融合省级未来社区创建约束性指标，并基于嘉兴实际情况进一步完善创新。第二，未来社区的数字平台日趋完善。嘉兴市坚持以重大应用为核心，一体化智慧社区平台搭建基本完成，完成 60 个功能模块开发，并先后上线试运行，在试点工作中取得阶段性成效。第三，未来社区的优秀案例不断涌现。在全域一体推进未来社区建设与探索中，嘉兴市涌现出了甪里社区、桂苑社区、运河社区等一批"最佳实践"案例，积累了具有嘉兴特色的未来社区创建经验，桂苑社区获省首批未来社区命名，并创新形成未来社区"三三工作法"；甪里社区、运河社区完成创建验收，并分别通过运营前置、建运一体模式积极探索社区可持续发展路径。嘉兴市未来社区三年行动计划项目如表3.1所示。

表3.1 嘉兴市未来社区三年行动计划项目库(2020—2022年)

序号	项目名称	项目类型	创建方式	实施单元面积/公顷	总投资/亿元
1	南湖甪里社区	省试点	拆改结合	20	43
2	南湖渔里社区	省试点	拆改结合	26	60
3	嘉善枫南社区	省试点	拆除重建	20	45
4	桐乡杨家门社区	省试点	拆除重建	20	68
5	港区牌楼头社区	省试点	拆改结合	21	54
6	秀洲运河社区	储备类	整合提升	23	0.39
7	秀洲油车港茶园路以东区块	储备类	拆除新建		
8	嘉善荷池社区	储备类	规划新建	35	28
9	平湖安桥社区	储备类	拆改结合	33	25
10	海盐南门社区	储备类	拆改结合	29	29

续表

序号	项目名称	项目类型	创建方式	实施单元面积/公顷	总投资/亿元
11	海盐西塘桥街道海城社区	储备类	拆除重建		
12	海宁双漾里社区	储备类	拆改结合	21	85
13	桐乡安乐村	储备类	整合提升		
14	经开区新江南社区	储备类	规划新建	20	42

注：数字化部分约占总投资的 25％－35％。

未来嘉兴市将持续深化未来社区的建设工作，不断放大城乡融合发展新优势，主动融入共同富裕典范城市、现代社区建设、城乡协调等工作体系。加快打造"普惠型＋示范型"推进模式，推动未来社区全域覆盖；加快落实共富指数"动态管控"新机制，形成标准化未来社区运营模式；加快打造一批标志性成果，力争到"十四五"末，高标准实施 130 个省级未来社区建设项目。

（二）业务应用体系打造，推动社区服务智能化精细化

在高度复杂的后工业时代，社区治理的一个重要挑战就是识别治理需求。一方面，伴随着单位制的解体，社区内部居民结构

更加复杂多元,需求也逐渐呈现出复杂化、多样化、碎片化等特点;另一方面,社区内部的异质性也弱化了社区的凝聚力,居民因疏于参与社区的共同治理而无法传达治理需求,同时受自身水平限制,也往往难以勾勒和描述真实诉求。如何有效识别社区居民诉求并促成社区功能的需求转向,成为社区治理与社区服务的重要课题。

嘉兴市明确社区的群众服务前台定位,将社区居民需求放在首要地位,以业务应用为建设运行核心,根据政府、企业、居民的差异化诉求,聚合社区物业服务、生活服务、公共服务和行业管理的核心业务,集成开发九大应用场景、34 个子场景、91 个应用模块,依托业务应用体系实现社区智能化、精细化服务,提供全方位、整体性公共服务解决方案。

1. 物业服务智慧高效

当前物业服务中的突出问题是物业服务供给能力存在局限性,社区物业受到服务人员数量限制,无法及时有效地回应居民诉求、应对社区突发问题,这不仅造成居民与物业之间的矛盾冲突,更为社区埋下安全隐患。对此,嘉兴市聚焦社区物业服务难点、堵点,推进数字技术应用建设,重点开发了"红色物业""物业管家""物业办公"等多元化应用场景,物业数字化赋能服务,助力物业管理减负增效。

智能设备减轻物业工作压力，智慧管理平台赋能物业管理。嘉兴市开发"物业管家"应用场景，融合门禁控制、安全防控、消安管控、车辆管控、垃圾分类、电梯管理、内涝检测等多个传统物业功能。整合视频监控、Wi-Fi设备、烟雾传感器等物联网资源，基于视频结构化分析技术、比对识别技术，形成社区的立体化智能管控平台，协助多场景管理，检查判别出异常情况则触发平台自动预警及定位机制，自动向物业管理人员发送消息，使得问题能够第一时间得到处理。智慧管理平台与数字化技术不但将物业人员从繁重的巡查与视频监控中解脱出来，极大减轻了工作负担，同时还有力提升了物业服务的高效性，推动了物业管理理念、方式、手段变革创新。

线上公开促进业主监督常态化，确保物业服务供给质量。嘉兴市在"居民自治"应用场景中设置"业主监督"功能应用，线上公布业委会决策事项、物业项目收支情况，物业信息公开透明，在保障居民业主的知情权与监督权的同时，还降低了居民对于物业企业的不信赖感，化解了社区管理中业主与物业公司的突出矛盾。此外，打通了业主与物业的沟通渠道，业主通过"报事报修"随手拍反馈物业管理中存在的不足，建立问题发现、交办、处置、反馈的闭环管理机制，为业主监督常态化提供机制保障，进一步强化了物业服务监管，保障社区物业服务品质。

2. 生活服务便民多样

新时代人民群众的需求呈现出多样化、多层次、多层面的特点，社区居民期盼更便捷、更多样的生活服务，谁来提供以及如何提供这样的生活服务成为社区面临的新问题。嘉兴市聚焦社区居民的多样化生活需求，开发"便民服务"应用场景，构建线上线下生活服务圈，为社区居民提供便捷多样的生活服务。

明确工作定位，做生活服务的对接者而非生活服务的供给者。生活服务有别于公共服务，完全由市场供给，社区居民付费享有。嘉兴市社区坚定服务对接的工作定位，通过搭建应用场景，连接社区周边的餐饮、购物、娱乐等商业网点，整合家政服务、房产租赁、社区拼购等业务，积极对接各类电子商务平台，进行社区周边资源盘点整合，打通商户与居民之间的生活服务供需通道。实现需求牵引供给、供给创造需求，在满足居民多样生活需求的同时，带动社区周边地区经济发展。

坚持居民立场，以居民需求为导向引入居民喜闻乐见的优质服务。生活服务作为公共服务体系的有益补充，是一种提升性的服务，用于满足社区居民日益增长的生活需求。嘉兴市社区坚持居民立场，围绕居民的消费偏好与意愿，积极对接优质生活服务，注重服务的安全质量与性价比，切实保障居民利益。以"社区拼购"应用为例，应用对接商品批发企业、产品生产基地，通过线上登记、集中采购等方式进行团购配送，保证了为居民提供优质实惠的商品。

3.公共服务优质共享

习近平总书记强调"人民共享发展成果"[1]，公共服务体系的范围、水平及质量应当随着经济社会的不断发展而稳步提升，社区作为党和政府联系、服务居民群众的"最后一公里"，应当将共享理念融入社区服务。嘉兴市聚焦公共服务优质共享，促进"互联网＋"向社区的延伸，开发"社区乐享"的应用场景，对接教育、卫生、文化、体育、民政等公共服务应用平台，实现社区助学、社区助医、社区助老、社区运动的智慧化应用，满足居民家门口的公共服务需求。

未来社区服务体系有力支撑社区全生命周期公共服务供给，以智慧化管理服务来满足社区居民日益增长的美好生活向往。建立"智慧书屋"，连通当地图书馆平台，保障教育服务供给；建立"健康小屋""5G云诊室"，打通"健康嘉兴"，优化社区医疗资源，实现远程视频问诊、线上购药、社保账户支付并配送到家；推广"特殊人员关爱"功能应用，通过线上订餐，为居家养老人员提供送餐服务，关注养老场景建设。实现幼有所育、学有所教、劳有所得、住有所居、文有所化、体有所健、游有所乐、病有所医、老有所养、弱有所扶、行有

---

[1]　中共中央文献研究室：《习近平关于全面建成小康社会论述摘编》，中央文献出版社2016年版，第46页。

所畅、事有所便,更好地满足群众对高层次、多样化、均等化公共服务需求,建设场景化、人本化、绿色化、智能化的美好家园。

依托未来社区建设契机,补齐公共服务短板,缩小社区间差异,持续推进共同富裕。围绕"一老一小"服务,嘉兴市秀洲区在社区建设中不断补齐养老、幼托、医疗等公共服务短板,缩小不同社区以及同一社区内不同人群间的公共服务供给差距,打造智慧健康养老示范基地,推动政府购买的居家养老服务从特困、低保低边对象拓展到面向高龄、失能失智者的普惠养老服务,实现养老服务的"扩面"与提升。在婴幼儿照护服务供给方面,嘉兴市 2022 年新增托位4451 个,全市已建成省级儿童早期发展示范基地 4 家、市级 2 家、县级 21 家。同时创新社区幼托服务模式,切实减轻居民育儿负担,在邻里中心等公共空间引入专业托育中心、艺术辅导机构、儿童兴趣社团,社区托幼服务得到了新的提升。

(三)精进管理平台建设,助力社区治理高效化现代化

当前,社区管理普遍面临着条线多头管理、过度行政化、工作负担重及社区治理中主体权责边界模糊等突出问题。早在 2015 年,民政部、中央组织部就已印发《关于进一步开展社区减负工作的通知》,但是"上面千条线,下面一根针"的困境仍未破解。伴随社会治

理重心向基层移动，基层减负赋能的诉求越来越强烈，呼唤社区治理现代化转型。

未来社区创建工作为嘉兴市探索社区管理体制改革提供坚实的技术支撑。嘉兴市以提升社区治理科学化水平为着力点，依托未来社区创建工作，建设数字化精益管理平台，推动社区治理高效化、现代化，为社区治理贡献嘉兴经验。

通过智慧运营平台进行社区管理服务信息化探索，提升社区治理效率质量。在城市公共信息平台、城市 CIM 平台和公共基础数据库的支撑下，未来社区将构建社区数字化精益管理平台，以居民智能终端应用为重点，利用高效物联网实现社区数据化、运营管理智能化。未来社区数字化精益管理平台将"社区数据库、电子审批系统、社工管理应用、公众应用服务"等多项治理应用集成于同一个平台，覆盖社区政务服务、公共服务、治安管理、居家养老、物业管理、生活服务等各个方面，推进数字化治理服务系统功能创新集成，通过社区信息互联互通实现高效率、高质量治理服务。以"物业项目管理一张图"为例，界面全景呈现小区所处地理位置、楼盘三维立体影像、四至边界，以及与之相关联的物业服务企业信息、小区楼盘信息、楼幢分户分层相关信息，实现物业项目数字化管理。

（四）线上线下空间融合，推动居民参与年轻化常态化

居民是社区的主体，居民参与是社区治理的核心。伴随着城市化与市场化进程，社区的熟人关系网络被瓦解，居民邻里交往水平、社区凝聚力不断降低，造成居民社区参与少、年轻群体参与比例低、参与方式原子化等一系列问题，这些问题不但阻碍了社区共同体建设，限制了社区治理能力、治理水平的建设，更带来潜在的社会矛盾与冲突。如何重塑社区关系网络、提升居民认同感与归属感，成为社区治理普遍面临的难点。

嘉兴市以社区公共空间为破题点，通过社区公共空间微更新实现线下空间营造，通过数字化场景构建新型线上社区公共空间，"线上＋线下"公共空间共同建设为提升居民交往、激发居民参与提供了可能性，有助于重构治理关系、促进邻里互动、化解冲突矛盾、培育社区公共精神，为社区治理带来新路径与新思路。

1. 线下智慧化社区空间营造

公共空间是居民活动的场所，是社区归属感的重要来源，是社区文化和记忆的重要载体，更是社区治理的重要实现场所，为基层

多元主体共同参与提供物理空间。因此，公共空间与居民社区生活治理、社区邻里关系与凝聚力建设息息相关，更对社区治理最终效果产生深刻影响。受到商品房空间规划因素与历史因素的影响，社区普遍存在公共空间面积不足、设备老化、设施不完善等一系列问题，难以满足居民的日常交往诉求或吸引年轻居民自发开展活动，更难以承载社区治理职能。

为破解社区公共空间的困境，嘉兴市积极进行社区空间营造，依托智慧化手段为失活公共空间重赋生机。第一，提升空间设施质量，注重社区公共空间微更新。南湖街道抓住未来社区建设契机，截至 2021 年底，老旧小区改造面积达 32 万平方米，覆盖居民 5199 户。其中建设于 20 世纪 80 年代的农翔社区旧改更新效果尤为突出，通过两轮征询，充分征求居民改造意愿，依据居民呼声整合片区资源，系统更新完善社区基础设施、优化活动空间、提升绿化面积，重赋公共空间活力。第二，整合零碎空间资源，步道桥梁串联，整合分散公共空间资源。南湖区桂苑社区通过智慧步道连通社区内景观设施、生活场景，营造可达性好、步行友好的公共活动空间，在居民日常性活动中增加社区居民间的接触交流；南湖区农翔社区坚持"划片改造"，将社区内所有小区视为有机整体，在社区间搭建"和睦桥"，打破小区物理边界，实现社区内公共空间、公共设施互通共享，促进居民间的交流交往。第三，数字赋能公共空间，培育社区公共生活圈。秀洲区运河社区以"睦"文化为核心建设邻里共享空间，以

"睦运"为例,居民通过小程序预约共享健身房,在健身、绘画互动中增加交流;社区内配置智慧跑道,通过面部识别掌握居民信息并实现跑步排名,运用数字系统汇集有共同健身爱好的居民,通过"认识身边的人"或"有共同活动诉求的人",引发社区更深层的社交活动。

2. 线上数字化公共空间搭建

伴随着数字社会的发展,网络空间日益成为公众群体尤其是年轻群体交往交流的重要载体。数字化公共空间打破了居民交往与参与的时空限制,有效降低了居民交流互动的成本,为工作繁忙的社区青年群体提供参与社区公共事务的可能途径。如何有效建设社区数字化公共空间,并通过数字化公共空间建设激发居民参与,还需要在实践中进一步深化认识、总结规律。

在未来社区建设中,嘉兴市逐渐探索出数字化公共空间建设的嘉兴路径。第一,积分兑换激发居民积极性,推动社区居民参与的常态化与可持续发展。秀洲区运河社区将居民的健康运动可视化,建立运动积分制,将社区治理的内容行为最大限度数字化,对接社区治理的责任与主体,实施积分兑换社区服务制度,对居民形成激励体系,激发并推动居民参与社区活动的积极性与常态化。第二,搭建线上共治空间,打破时空限制,实现居民共商共治。嘉善县塘东社区依托"多方议事"的线上功能,组织社区党员、业委会、物业企业及社区居民代表共同讨论梦里水乡小区停车难问题，线上协商共议解决方案，高效便捷地解决了社区居民切实关心的现实问题。第三，线上交往带动线下参与，"非常规关系网"构建社区参与新格局。南湖区穆湖社区依托智慧社区平台处理住宅加装电梯中的住户矛盾问题，通过线上发布任务，党员带头线上认领分工，线下组织实施，积极进行邻里矛盾调处，推动线上数字空间与线下治理空间的深度契合，最终实现 10 个单元 100 户居民 100％同意率。

社区数字化平台的搭建是数字化技术在社区治理系统情境中融合与深化的体现。数字化平台为社区内多元治理主体的公众参与、共同生产、协商共治提供了更为便捷有效的路径，实现了治理的双向赋能，提升了服务的供给与治理效能，完善了社区场域的民主协商机制。

二、社区数字化治理问题分析

当前嘉兴市未来社区试点创建已经取得了重要进展，初步展现了未来社区作为共同富裕现代化基本单元的重要内涵，回应了人民的美好生活向往，响应了社会治理现代化工作的要求。但在数字化建设中也暴露出一些共性问题，研究分析这些共性问题不仅可以帮助完善未来社区建设体系，更能够推动提升基层治理水平现代化。

(一)过度重视硬件设施建设,缺乏社会治理温度

随着嘉兴市未来社区试点建设进入第三阶段,未来社区建设成效显著,推动现代化发展取得新进展,社区尤其是老旧小区的物理环境得到极大改善,社区的公共服务功能也日趋完善,但是目前的社区建设更偏向于硬件设施建设,缺少了内核塑造,尤其在社区治理创新方面的成就相对匮乏。

社区建设需要兼顾"硬件设施"与"软件建设",这是实现基层治理体系与治理能力现代化的必由之路。未来社区作为现代社区的切入口,应当从硬件设施建设向社区治理延伸。技术仅为居民参与提供线上手段与保障,并不能直接促进居民的参与。未来社区工作应坚持以居民诉求为中心,推动技术与治理的智能结合,加快将技术优势转变为治理效能,通过社区治理体制与治理手段的创新,实现社区治理新格局。

(二)社区服务定位不明晰,与实际需求匹配弱

在未来社区建设中,技术在一定程度上赋能组织流程再造,但是范围是有限的,技术始终无法替代政治与科层制来解决整合

障碍。一方面，当前技术推动停留在赋能组织流程再造，仅仅优化了部分工作流程，尚未触及根本性的组织自身局限性问题，基层仍然无法摆脱自上而下的层层压迫堆积的考核指标，以及重复化、分散化的数据填报表格工作，甚至数据权限制约对于社区数据调用能力、对社区情况的掌握程度有所削弱，增加了基层工作，降低了管理效能，数字反向"负能"社区治理。另一方面，技术嵌入的情况更多取决于压力体制下的行政逻辑而非单纯的技术逻辑，并不完全是效率指向、人本导向的。自上而下的行政推动驱动着社区进行"三化九场景"的落地，数字化应用设计建设阶段缺乏自下而上的居民参与，无法反馈居民的真实意愿、解决社区治理中的关键矛盾。在试点中，部分年轻化社区实际并无养老诉求，但是为了保证场景的完整性符合考核标准，还是选择投入大量资源建设养老场景。这导致大量资源投入却并未为居民带来实际服务的提升。

未来社区建设中，应当积极推动从组织流程再造向流程渠道组织再造的转变。一方面，厘清社区在基层管理层级中的地位，强化基层，推动工作重心下移，将社区从行政化负担中解放出来。另一方面，建立符合服务供给逻辑的组织模式，确立社区的服务前台地位，依据社区的发展现状，积极整合社区资源，统筹协调社会力量与市场力量，"因社制宜"地增强服务供给能力，提升社区服务品质。

（三）数字化建设缺乏统筹规划管理，设施及应用建设呈现碎片化

　　未来社区数字化建设正处于快速发展阶段，试点社区通过视频监控、物联感知终端等物理硬件设施建设，以及数字应用、治理平台打造，一定程度上提升了社区管理、物业服务的质量与效能，但是也逐渐暴露出碎片化问题。当前社区数字化建设缺乏统筹规划，各社区单打独斗，均要承担高额的建设费用与运维成本，基本依托未来社区等项目补助经费，多采取招标等形式外包线下设施更新及线上系统设计。一方面，这种分散化建设增加了数据互联互通的成本与难度，不同社区项目中标企业不同，导致不同社区间的设施及系统建设存在差异、数据结构及标准不统一，增加后续数据的统一汇总工作；另一方面，这种分散化建设阻碍了社区间设施与服务的共建共享，存在不合理建设与资源浪费，以社区为主导尺度推进的数字化建设仅以本社区居民福祉为出发点，设施的设置布局多在社区内部，导致设施开放程度不足、利用效率偏低，服务的覆盖范围小、辐射能力弱，无法形成规模效应。

　　不同于普通基础设施建设，也区别于私人化信息设备，智能化基础设施及数字化应用系统建设难度大、建设成本高、潜在服务覆盖辐射范围广，所要求的系统性思维与资源统筹规划能力显

然超出了社区的能力范畴与责任边界，因此需要拔高未来社区数字化的引领尺度与治理层级。这要求从顶层入手展开统筹规划，以省市为布局出发点，以社区居民为最终落脚点，合理设置数字化、智能化物理基础设施的位置布局；形成标准化社区数字化建设体系，明晰数字化场景建设标准与深入程度，引领社区的具体数字化建设；推动一体化数字平台建设与统一化标准及数字接口，强化数据、服务等的集约共建和开放共享，降低建设及运营成本，提升资源利用效率。

（四）数据治理问题凸显，数字化支撑保障体系有待完善

伴随着数字化改革不断深化，技术迭代速度不断加快，为社区提供了一个阈值极宽的应用域，然而规则制度更新进程远落后于技术发展，传统数字治理规则无法有效覆盖新兴社会关系，技术应用的前沿部分进入缺乏规则约束的空白领域，可能造成技术失范，并带来较大的风险隐患。

首先，数据收集汇总存在社区差异化数据格式结构与社会治理统一化数据汇总分析的矛盾。如上节所述，分散化的建设模式导致社区数字化平台系统间存在较大差异，社区间系统数据结构、数据标准不统一，影响数据的汇总分析，数据挖掘与数据碰撞难以展开，

难以发现社区间的共性需求,提升治理效能。其次,数据应用分析存在日益强大的数据搜集能力与有限分析算力之间的矛盾。随着视频监控、物联感知终端在社区中的普及,政府对于社区内部、城市内部信息要素的感知能力不断提升,治理图景逐渐"清晰"化,但当前数据分析计算能力发展与数据搜集能力尚不匹配,无法将捕捉到的海量社会事实信息有效转化为居民治理诉求、治理行动依据。最后,数字化建设还存在安全风险隐患,随着大数据应用在社区的持续深化,数字化基础设施对于居民个体的微观数据采集不断细化,信息间关联度不断提升,导致潜在风险性增强:一旦数据泄露,影响的居民数量也就越多,对于居民个体的影响程度也越深。以社区门禁为例,人脸识别门禁技术的使用提升了社区治理效率,然而面部信息的采集与使用尚面临合法性质疑与伦理忧患,可能造成居民的信息泄露。

在未来社区数字化建设中,需要不断培育数据治理能力,制定形成社区数据标准规范,落实数据的汇总存储;推动算力技术创新提速,形成专业化的数字人才队伍并积极提升基层队伍数字化素养,提升数据分析的能力与应用能力;完善信息化系统与应用的安全体系,不断完善数据权利归属、数据使用规则、数据治理体系等制度建设,切实保障数据安全与居民隐私保护,为未来社区建设数据安全保驾护航。

三、社区数字化治理对策建议

针对以上在嘉兴市未来社区试点创建中暴露的共性问题,可以从以下几个方面寻求突破,赋能社区治理,推动基层治理体系和治理水平现代化。

（一）以共同富裕内涵为牵引,打造数字化治理场景体系

基于社区现代化的共同富裕内涵以及社区共富评价体系,聚焦"基础设施完善""生活服务便利""精神文化富足""社区治理创新""数智赋能优化"五个方面,通过数智赋能实现社区建设运营"降本增效",为社区服务、社区安全、社区治理、社区共同富裕提供丰富的应用场景,聚力打造一个运营中心、五大共富内涵、N个应用场景的共同富裕社区"1＋5＋N"数字化治理体系(图3.1)。

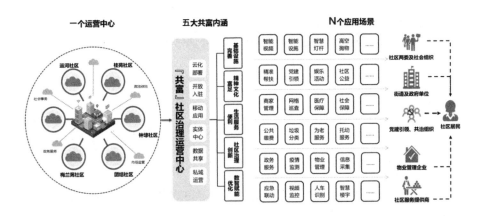

图 3.1　共富社区"1＋5＋N"数字化治理体系

　　共同富裕是开创性工作,涉及社会面极广,难在集成改革也重在集成改革,需要以共同富裕现代化基本单元为承载主体,统筹经济、社会、生态等各方面工作,整合住建、民政、环保、消防、安全、应急等社会治理方面的需求,鼓励并支持社会力量参与未来社区的建设和运营,实现"共建共治共享"局面。在数字化治理场景落地建设过程中,应用场景体系应设有标配与选配建设内容清单,不同的社区可以根据实际需求进行自由选择。共同富裕社区建设投资规模大,为节约成本提高效益,应按照统一的标准规范在区级设立一个运营中心,负责辖区的未来社区建设运营统筹管理工作,并在关联度较高的几个街道社区中间设立一个运营服务站,负责具体的落实、服务与响应工作。

（二）统筹规划建设城市感知神经元，构建城域物联专网

着力提升社会治理、城市管理和公共服务水平，构建深度感知的神经元网络体系，创新领域应用，健全智能发现、智能分析和智能处置机制，打造面向未来城市与未来社区的智能化城市运营管理体系，统筹开展新型城域物联专网建设，构建全市领先的"物联、数联、智联"新一代信息基础设施总体架构（图 3.2），"物联"打造统一规划、建设、管理和运维的智能感知终端；"数联"实现多渠道、多种类数据的融合汇聚，夯实数字底座；"智联"构建面向公共管理、公共安

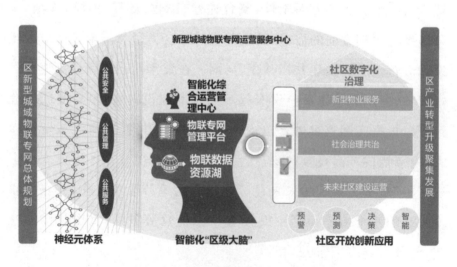

图 3.2　新型城域物联专网逻辑架构

全和公共服务的物联应用服务体系,完善全区社会治理体系,推动经济转型升级发展。

新型城域物联专网建设是一项长期的工作,物联网应用建设面广,需要在顶层设计的指导下开展集约建设,避免各自分散建设造成的各项人员、资金等方面的重复建设。神经元体系建设以新增为主,存量逐步整合接入,实现新增设备与存量设备的统筹管理。同时,信息资源建设方面以物联创造数据为主,政府存量数据及社会开放数据逐步对接、融合。新型城域物联专网建设相关的部门众多,为了确保项目发挥整体效益,将遵照统一的标准规范进行建设,同时考虑项目的重要性,需要在网络、平台、应用等多个方面保障项目安全。

(三)推动创建数字赋能平台,横向破除"信息烟囱",为基层减负增能

夯实数据底座,构建数字赋能平台,积极对接国家平台与省平台,有效整合嘉兴市及区县等相关部门已建的各类信息化系统,充分利用住建局已建的智慧物业平台、未来社区平台、社区运营平台等,打造集成物业管理、社区运营、社区服务、数字治理与共富共享的社区平台,支撑基层减负增能,提升数字化服务水平,助力政府决策科学化、社会治理精准化和公共服务高效化。

在信息基础设施层面，面向政府、企业和个人用户，布局打造智算中心，为智能计算、智能感知、智能通信、人工智能算法等项目提供重要算力支撑，提供稳定可靠的算力资源服务，包括云计算、GPU、HPC、存储等多样化计算与数据资源服务；在工具层面，聚力打造大数据处理平台、人工智能开源平台、数据共享开放平台、数据可视化平台等，为数据价值挖掘与信息互联互通提供一系列先进的、灵活的、可靠的工具链。

（四）探索开展公共数据运营，释放数据资产要素价值

数据源泉在社区，数据应用也在社区。为全面落实省委、省政府数字化改革的决策部署，深入贯彻落实相关要求，加快公共数据有序开发利用，培育数据要素市场，围绕建设数字浙江目标，有效盘活数据资产，发掘数据价值，打造全流程的数据运营模式，完成"数据—信息—价值"的转换，为上层服务提供有效支撑，形成数据汇聚、沉淀、治理、共享、开放、应用一体化的支撑能力，为推动嘉兴市数字经济提升与创新发展做出贡献。

公共数据运营是一项持续性工作,结合未来社区创建工作,通过运营要素数字化、运营场景智能化,整合互联网数据资源、政务数据资源和物联网数据资源,形成全域统一的社区级数据资源体系,赋能共同富裕社区建设场景需要,为物业、运营、商家等社会单位,以及街道、区县、市相关委办局提供数据增值服务(图 3.3)。

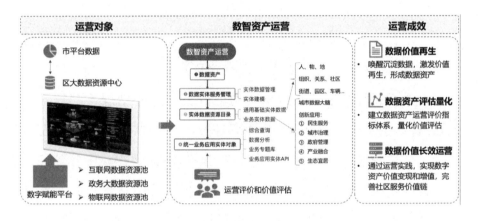

图 3.3　公共数据运营服务机制

(五)推进制度建设,强化数据安全保障体系和能力

数据是国家基础战略性资源和重要生产要素,为深入贯彻落实《中华人民共和国数据安全法》《中华人民共和国个人信息保护法》等法律法规,依照工业和信息化部等十六部门印发的《关于促进数

据安全产业发展的指导意见》，全面深化数据安全保障体系和能力建设。在制度机制方面，制定出台数据安全管理制度，健全完善数据分类分级、重要数据保护、风险评估、应急管理等重点管理机制。在标准规范方面，建立完善数据安全标准体系，研究制定智慧社区、未来社区、现代社区等重点领域数据安全标准，深入开展贯标达标等工作。在监管实践方面，面向政务、电信领域重点部门与企业，推进开展重要数据识别和目录编制、备案管理、安全防护、风险评估等工作，督促数据安全保护主体责任有效落实。

推进新型计算模式和网络架构下数据安全基础理论和技术研究，支持后量子密码算法、密态计算等技术在数据安全产业的发展应用。优化升级数据识别、分类分级、数据脱敏、数据权限管理等共性基础技术，加强隐私计算、数据流转分析等关键技术攻关。推动先进适用数据安全技术产品在社区商业、智慧医疗、线上教育、共享创业等智慧社区的新型应用场景，以及数据中心集群、算力枢纽节点等重大数据基础设施中的应用。推进安全多方计算、联邦学习、全同态加密等数据开发利用支撑技术的部署应用。

第四章　社区可持续
运营分析

近年来,推动社会治理和服务重心向基层下移,构建社会治理共同体,积极打造社区生活圈并实现生活圈模式下开放、智慧、共享、活力的社区建设,已经成为推进国家治理体系和治理能力现代化的内在要求。社区作为城市治理的"最后一公里",承担着越来越多的社会治理与服务工作,现阶段社区的建设运营成效直接影响着新型城镇化建设的发展趋势,而如何创新社区运营模式,推动政企合作,引导社会力量参与并实现社区可持续运营、促进社区永续发展,已成为提升城市治理能力的关键所在。本书以浙江省未来社区运营为例,总结实践路径和经验,剖析可持续运营面临的问题与困境,最终提出建设性对策及建议,以期为我国社区可持续运营服务优化工作提供参考。

一、社区可持续运营概况

未来社区会发展成何种形态?放眼国内外,已有不少"未来社区"的建设先例。例如,谷歌母公司 Alphabet 与 Sidewalk 实验室合作,以建设更智能、绿色、包容的城市为目标打造了 Quayside 未来社区;还有欧洲 BLOCK 模式、新加坡 COMPLEX 模式、日本共享住宅等,从中都能看到未来社区的影子。2019 年 3 月《浙江省未来社区建设试点工作方案》的颁布是我国未来社区发展史上的一座里程碑。作为浙江省首批共同富裕现代化基本单元,未来社区是探索城市有机更新新机制、赋能城市稳定发展新路径的重要突破形式,指的是以人民美好生活向往为中心,聚焦人本化、生态化、数字化三维价值坐标,以和睦共治、绿色集约、智慧共享为内涵特征,突出高品质生活主轴,构建以未来邻里、教育、健康、创业、建筑、交通、低碳、服务和治理等九大场景创新为重点的集成系统,打造有归属感、舒适感和未来感的新型城市功能单元。

综合政策施行及实践可探知,以未来社区为代表的社区建设可谓浓缩版的"小智慧城市"。首先,有别于传统社区仅聚焦于人—房关系搭建,未来社区运营内容具有系统性。其围绕"人本"全方位需求辐射基层治理与人民生活的方方面面,比如治理机制创新、公益与商业服务功能配套、智慧物业服务、公共空间整治、园林绿化维保等,牵涉的利益关系纷繁复杂。其次,未来社区对"一老一小"需求突出关注,并与老旧小区改造工作任务联动推进,其运营导向具有"共富性"。例如,以养老服务照料中心、老年食堂和托育服务站等"一老一小"公共服务为核心的场景要求,体现了对社区弱势群体的特别关怀,联动老旧小区改造致力于补民生短板,在共同富裕大背景下,新发展模式必然需要相应的配套机制体制。最后也是最重要的一点,未来社区不是一锤子买卖的"面子工程",其运营要义在"可持续性"。"运营前置"思维应该是所有普适社区运营顶层设计中最为重要的因素之一,从规划选址阶段即基于对居民的真实需求分析,在以人本化、生态化、数字化为价值导向重点打造邻里生活服务圈的同时,通过挖掘社区资源禀赋、厘定政府市场关系、发挥多元主体优势、统筹规划产业结构、精准布局经营空间等手段,实现全生命周期可持续运营(表 4.1)。作为中国未来社区建设的先行者,浙江较为成功地展示了如何通过政府引导、市场运作的手段来开展未来社区建设,推动城市更新发展、老旧小区的改造及由此形成的社会共谋、共建、共享、共治的良好氛围,在全国形成了一定的示范效应。

表 4.1　未来社区全过程推进机制中各方主要工作职责

阶段	政府	企业	居民	研究机构	社会组织
选址决策	组织调查评估;项目论证立项	参与项目前期论证	发起、表达改造意愿;参与项目意见反馈	受托参与调查、评估、项目论证等研究工作	参与项目改造计划论证
遴选开发主体	组织制定开发要求和主体标准;组织遴选程序	参与改造协商、方案竞标等服务遴选环节	参与制定开发要求和主体标准	参与对开发主体的评估	参与对开发主体的评估
规划方案编制	规划方案审议和批准;相关规划调整审批	协同参与方案编制;提出运营方案	提出方案需求,参与意见征询;列席政府相关审议会,提出意见建议	主要负责方案;搭建多方参与的规划信息平台	参与运营方案论证
开发建设	审批服务、质量把关;保证公共服务空间	植入运营需求,实现功能服务系统配套与业态培育的空间需求	参与涉及公共利益的事项的协商	组织全过程咨询方案的实施与评价	参与涉及公共利益的事项的协商

续表

阶段	政府	企业	居民	研究机构	社会组织
综合运营	向企业、社会组织购买公共服务；打通政府治理平台与社区数字化服务平台；提供政策保障	提供综合服务，落地九大场景；根据居民需求、政府引导和运营评估不断改善服务供给	提出服务需求；参与社区活动、社区治理；参与居民满意度评估	提供专业指导、咨询服务；参与运营评估	提供公益类公共服务；负责公益服务场景运营

二、未来社区建设运营的现状与趋势

作为中国未来社区建设的先行者，浙江未来社区建设已迈向"深水区"，较为成功地展示了如何通过政府引导、市场运作的手段促进城市发展向运营城市转型、社区管理向智慧型转型、人民生活方式向绿色共享转型，以及由此形成的社会共谋、共建、共享、共治的良好氛围，在全国形成了一定的示范效应。目前，未来社区建设已从2019—2020年的加快启动阶段、2020—2022年的增点扩面阶段迈向全面推广阶段，预计2025年，浙江省累计创建未来社区1500个左右，覆盖全省30%左右的城市社区。从当前来看，未来社区创建及运营现状如下。

（一）社区智治共同体：三端平台构建多元治理机制已形成

　　未来社区是对传统城市社区建设模式的系统性重构，其目的是通过对物理空间的延展探索、多方主体的协作共赢、治理模式的创新改革，构建新的城市生活生态圈。从实际落地情况来看，未来社区运营主体要素包含需求、供给、调控三个维度，社区智治共同体已经形成，各方利益关系如图4.1所示。

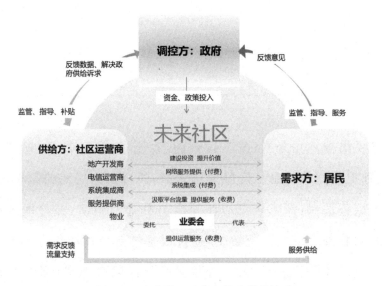

图4.1　未来社区运营主体及利益关系

从需求方来看，社区居民作为未来社区运营的重要参与者，提供了稳定的用户流量并参与建设与完善，其需求如表4.2所示。

表 4.2　社区居民需求与痛点分析

居民生活需求						
物业服务	便民服务	智慧出行	事件提报	邻里互动	社区商业	环保低碳
物业巡更、出入管理、车辆管理、访客管理、社区公告、人员安全……	政务服务、老幼关怀、社区医疗、法律咨询、心理咨询……	智慧门禁、智能停车、一键挪车、电子出入、人脸识别……	事件上报、投诉、自主投票信息申报……	邻里圈、社区活动、业委会	社区团购、周边优惠、积分兑换、社区银行、运动红包……	垃圾分类、旧物回收、能耗助手、低碳积分……
实际痛点						

➢ 居民现代化、多样化、便利化的生活需求多
➢ 安全风险多：高空抛物、电动车入楼等
➢ 特殊人群需要关爱帮扶

从供给方视角来看，电信运营商、系统集成商、物业、地产开发商、服务提供商等都是社区服务供给商，通过识别居民的需求，提供智能化服务平台，保障居民居住安全与舒适。当前，部分地产开发商逐渐向服务提供商角色转变，通过成立物业公司或与专业的运营商合作负责社区的运营工作，提供高品质的管理服务；系统集成商主要负责安防系统、计算机网络系统的集成，并进行设备和系统的维护，为智能化平台的建设提供技术支撑；电信运营商为智慧社区

的运营提供网络支持,向社区提供网络服务并收取费用;服务提供商则为智慧社区运营提供物业、商业、医疗等服务平台。供给方运营需求如表 4.3 所示。

表 4.3　企业运营需求与痛点分析

企业参与运营需求			
企业参与政策/标准支持	数字社区平台使用	商业模式跑通	产业平台生态互联
可持续运营资金来源	科技产品逻辑验证	闲置资源盘活	未来社区标杆打造
企业参与痛点			

➤ 物业服务的居民满意度不及预期
➤ 缺少好用的数字化工具,难以达到未来社区数据获取预期
➤ 可持续运营资金难以保障
➤ 商业服务入小区难,商业运营困难
➤ 旧改类社区可经营资产有限

从调控方来看,政府在利益共同体中主要充当引导者的角色,其社区管理需求痛点主要在治安维稳、纠纷调解、民生服务、社区矫正、社区共建等方面,其作用旨在对未来社区运营进行监管、指导及科学合理地发放补贴,如表 4.4 所示。政府所要做的,一是为未来社区的宣传建立良好的形象,并实时监管未来社区的运营;二是完善未来社区建设制度的顶层设计;三是向未来社区运营科学地发放政府补贴,以维持其运营的可持续性。

表 4.4　基层政府社区管理需求与痛点分析

基层政府社区管理需求							
治安维稳	社区安定	平安活动	纠纷调解	安全防范	民生服务	社区矫正	社区共建
群体事件、重大责任事故和重大火灾事故防范	流动人员管理、辖区人员安全人员信息/房屋信息采集	深入开展平安社区、平安家庭的建设活动；加强平安宣传	参与各类矛盾纠纷的排查调处工作，提升矛盾"纠纷调解率"	对影响安全、扰乱正常工作秩序的人和事及时制止	提供民生相关如医疗、教育、养老等配套服务	提升刑释解教人员、社会闲散青年、邪教痴迷者教育转化率	事件上报、党群服务、业主投票/自主申报、疫情防控……
基层政府痛点							

➤ 基层治理人少事多,碎片化严重

➤ 基层治理考核难量化,人员流失快

➤ 基层治理信息化水平参差不齐,数据采集工作量大

➤ 群众和社会组织参与治理比例低

➤ 公共服务、政策宣传渠道单一

　　可见,未来社区运营主要依靠政府引导,在居民、地产开发商、物业公司、服务提供商等主体的共同参与下逐渐形成智慧化运营的整体网络,通过协调不同主体之间的利益关系、整合资源,最终形成利益共同体,实现智慧社区的资源共享与信息联通。基于未来社区智慧服务平台,构建了社区智慧治理共同体,整合集成社区政务、公共服务、商业及生活资讯等多应用于一体,为治理端、服务端和运营

端提供标准化的三端接口,基本形成了"1N93"总体框架(图 4.2),
作为城市智慧治理向基层延伸服务的触角,直达人民智慧生活的神
经末梢。

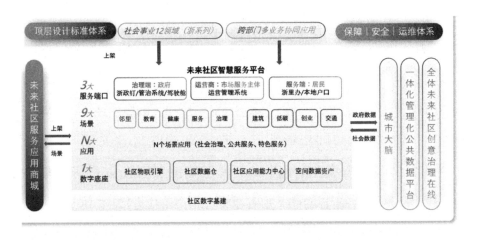

图 4.2 浙江省未来社区数字化建设"1N93"总体框架

依托社区智慧服务平台,将政务一站化集成,让"事务在线上
跑,事情在社区解决",提升基层高效政府服务水平,拉近政民关系,
基本满足跨部门多业务融合、智慧化九大场景落地与监管需求;聚
焦"互联网+智治",连接场景智能终端网络,实现人防、物防、技防
三防一网融通,保障治理体系中的治安体系建设,促进人与环境的
和谐;与此同时,在九大场景搭建基础上消解距离感,促使活力邻里
社区初具雏形。

(二)公共服务供给:"一老一小"场景全覆盖,创新服务模式

随着国内老龄化现象日渐凸显、国家三孩政策落地实施,"一老一小"已是社区场景的重点服务人群,如何在社区中实现"幼有所育、老有所养"是打造共同富裕现代化基本单元的关键。自2022年9月起,浙江省未来社区验收重点关注"一老一小"系统化解决方案,场景验收工作切实按照浙江省住房和城乡建设厅等7部门制定的《浙江省共同富裕现代化基本单元"一老一小"场景实施方案》开展,这一系列创建要求与项目实施有效提高了社区养老托育服务资源配置质量,催生出一批"一老一小"服务场景优质供应商(表4.5),促进群体服务供给水平提升与产业模式创新。

表 4.5　"一老一小"场景供给内容

场景类型	案例社区(部分)	服务场景内容
老幼融合服务	杭州市余杭区良渚文化村未来社区	良渚文化村市民客厅(含居家养老服务中心、老年食堂、幸福学堂)
	杭州市拱墅区庆隆社区	庆隆社区婴幼儿成长驿站、阳光老人家(含幸福学堂)
	杭州市滨江区江三社区	江三社区卫生服务站、社区幸福学堂
	宁波市海曙区安丰未来社区	安丰老年大学、四点钟托管星启教育
	宁波市鄞州区海创未来社区	海创婴幼儿照护服务驿站、银铃学苑、幸福学堂
	台州市椒江区城隍浦未来社区	城隍浦文化礼堂、海门社区卫生服务中心
养老服务	杭州市余杭区南滕未来社区	居家养老服务中心
	宁波市海曙区联南社区	白云随园智慧芳居家养老服务中心(含老年食堂、日间照料中心)
	杭州市余杭区玉鸟未来社区	玉鸟社区养老服务中心、社区食堂
	杭州市上城区杨柳郡未来社区	杨柳郡社区居家养老服务中心、社区食堂
	杭州市上城区小营巷未来社区	红巷长青颐养园、小乐胃社区老年食堂
	杭州市钱塘区义盛社区	义蓬颐康医疗康养中心、老年食堂、义蓬颐养医院

续表

场景类型	案例社区（部分）	服务场景内容
托育场景	温州市鹿城区花柳塘未来社区	花柳塘智托帮托早教中心
	宁波市北仑区芝兰社区	芝兰社区"一家托育园"、石榴籽公益联盟
	杭州市富阳区山水未来社区	山水贝比龙早教园、量子橙托育机构、考拉豪斯托育机构
	杭州市萧山区潮都未来社区	潮都婴幼儿成长驿站、楠瓜呗呗托育园

数据来源：浙江省住房和城乡建设厅：《浙江省首批共同富裕现代化基本单元"一老一小"服务场景名单》。

从实践来看，未来社区养老服务模式有所创新，比如"智慧养老＋一站式服务"模式、"物业＋养老服务"模式、"医养康养结合"模式、"时间银行"养老模式等，有效解决了失能、失智、高龄、独居老年人无人照料的问题，实现"老有颐养、幼有善育"。以杭州市余杭区良渚文化村为例，社区运营商基于居民养老服务需求，营造养老服务空间，配置高品质养老公寓、日间照料养老中心、居家养老上门服务等阶梯式养老服务，并致力于开发老年助餐模块，依托街道线下老年人集中配送餐中心，建设线上预订配送平台，建立养老助餐全覆盖的网络服务体系，同时根据不同年龄阶段老年人享受政策进行就餐补助，实现政策落地数字化；开发一键呼救模块，为独居老人安装呼救设备，实现预警信息动态监测及时处理，做到养老护老智能化；对接"健康余杭"平台,实现居民在线预约就诊和查询健康档案等,有效探索"智慧养老＋一站式服务"新模式,为广大社区养老服务提供先进经验。

(三)社区运营模式及主体:具有多样性,一体化运营备受关注

传统社区的运营在开发商建设完成后,由政府负责运营公益性部分、社区物业运营公司负责运营经营性部分,三者之间是孤立运作的关系。在诸多未来社区实践中,自持物业运营量大、运营子项较多,内部场景功能设施的运营主体相对多元。现有体制下,未来社区运营模式呈现出由"多元主体运营"向"一体化运营"模式转变的趋势。

一是"投建管运一体化"模式。政府/管委会/业主方委托一家总建设运营商提供全过程咨询、规划设计、开发建设、运营服务等一站式专业解决全案,能够有效突破只建设不运维的难点(图 4.3)。从投资、建设、运营全过程角度制定资金平衡方案,建立政府、开发商、居民的成本收益共担机制,对开发主体明确激励和履约责任,通过开发运营一体化实现长期可持续运营和资金平衡。但其弊端表现为旧改类未来社区改造普遍以 EPC 总承包模式进行一次性建设,改造完成后仅有小部分有效开展后续运营,大部分项目旧改成果较难巩固。

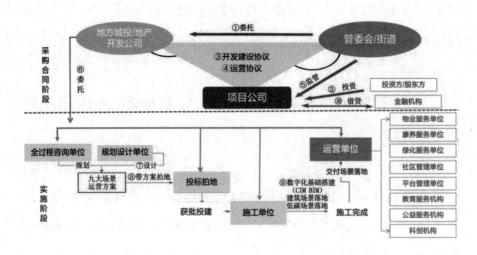

图 4.3　未来社区项目"投建管运一体化"运作关系

　　二是"政府投资建设＋市场化运营"模式。主要面向未来社区建设中公共基础类、纯公益类等不适宜市场化运作或者明确缺乏商业模式的项目，由政府出资并进行统一规划部署。政府投资资金来源包括未来社区创建专项资金、老旧小区改造专项资金、城市更新专项资金等。政府通过公开招投标的方式确定承建方，开展平台建设、运营保障、服务拓展、系统运维等工作，但项目整体由政府主导，政府通过联合多个部门发布指导文件或制定标准规范，对未来社区的建设运营提出要求。这一模式的优势是政府拥有绝对的控制权；劣势是容易造成政府财政压力，对团队的专业运营能力要求较高，且一般只能满足基本需求，无法提供优质、精细、个性的服务。政府投资建设模式的主要应用场景有智慧党建、智慧消防、智慧安防、网格信息管理、政务服务、社区矫正等。

三是市场投资建运模式。 主要面向未来社区建设中具有较好营利性的项目，通过政府授权，由企业完成项目的投资、建设、运营，项目的所有权归企业所有，企业通过提供产品或收费服务来回收投资并获得回报。该模式下的企业可以是房地产开发商、通信运营商、互联网企业、物业公司等。优势是能够缓解政府沉重的财政压力，充分发挥市场的效率、经验和服务优势；企业可以在市场竞争中通过提升服务质量、寻求合作等方式不断提高自身竞争力；社区居民能够享受到更优质的服务。劣势是对可持续的营利模式和运营能力要求较高，且我国智慧社区建设起步较晚，缺乏统一的规划、协调和监督，市场服务质量参差不齐。

四是比较常见的委托经营模式。 委托方在一定条件下，依法委托特定主体在社区范围内开展的经营活动，向委托方支付相应的费用。委托方一般包括政府部门、物业、房地产商等具有产权的主体，这些主体可以向被委托主体授予特定的经营权，明确双方的权利义务和风险分担，以及委托期限和范围。在获得委托授权后，被委托方可以得到提供服务和获取收益的权利，这种委托授权具有排他性。该模式具有产权清晰、政府财政压力小等特点。被委托主体应具有持续的营利模式和较好的运营经验，能充分利用自身经营能力，通过维持一定的经营规模，保障合理的经营利润。对于委托方来说，委托经营模式可通过向被委托方收取委托授权费、收益分红等方式获取收益，保障了委托方相对稳定的收入。社区委托经营模式的主要应用场景有智慧养老、智慧停车、智慧物业、垃圾分类回收、数字便民生活圈等（图 4.4）。若涉及基础设施，则委托经营模式通常是指政府部门就某个基础设施项目与运营商签订特许经营权协议，授予运营商来承担该项目的投融资、建设、经营与维护。在协议规定的特许期限内，运营商企业向设施使用者收取适当的费用，由此来回收项目的建设、经营成本并获取合理的回报；政府部门则拥有对基础设施的监督权、调控权。特许期届满，运营商将该基础设施无偿或有偿移交给政府部门。

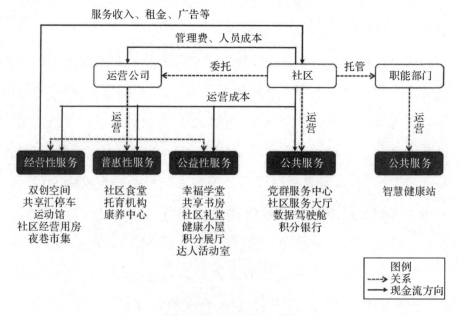

图 4.4　未来社区项目委托经营模式运作关系

（四）可持续运营：空间、资金可持续难题逐渐引起重视

"可持续运营"一直是社区不得不面对的关键问题，我国成都、上海等诸多城市已将"社区综合体"作为构建社区生活圈的重要抓手，开启集中化社区公共服务设施供给的探索。"运营前置"理念下的未来社区对后期运营提出了严苛的要求，但从实践来看，无论旧改还是新建类未来社区，建设资金来源多为政府单一主体的投入，后续运营也需要政府资金定期扶持，尚未探索出自身可持续运营的路径，尤其是旧改类未来社区场景空间缺口极大、物业权属界定难、基本物业费收缴难、社区运营现金流难以保障等问题导致市场主体参与积极性不高，运营不可持续，引起业界广泛关注。同时，现有实践难以为城市管控提供精确化、系统化决策支撑。

2022年7月，浙江省城乡风貌办发布《关于开展全域推进未来社区试点工作的通知》，明确要进一步探索可持续的运营模式，提出整合空间资源的使用权和收益权，探索壮大城市社区集体经济；探索形成以片区整体运营或"市政服务＋物业服务＋商业服务"综合服务为运营内容；倡导以综合运营服务商为牵头主体的综合集成运营模式。

三、社区可持续运营问题分析

随着我国社区服务体系的日趋完善，社区服务功能逐渐显现，社区居民之间联系逐渐紧密，社区运营向好发展的同时仍然面临多个痛点难点亟须改善和解决。

（一）可持续运营缺乏体系设计，统筹管理运营机制有待建立

从未来社区创建评价指标体系看，70％的创建要求需要通过运营实现。此外，从项目实践经验来看，从重建设轻运营转向建设运营一体化是未来社区成功的关键所在。然而，诸多社区的前期开发建设和后期运营管理普遍是两个相对独立的阶段，"建""运"脱节在一定程度上局限了场景设置和空间布局；前期建设缺乏可持续运营系统性设计，建设主体与运营主体多不相同且分散主体共同运营的状况普遍存在，在一定程度上增加了运营成本。尤其在运营阶段，产权不确定性造成运营主体分散与混乱的局面，社区公建配套用房一般属于居民共有，而很多社区公共空间没有产证，有产证的也可能转了好几手，如资产属于区国资，承租的是街道，但实际使用者是

某企业。

以 H 市新建类 LXT 社区为例,除由政府购买、租用现状物业外,社区场景建设与居住区"打包"由政府平台公司出资建成后将部分物业移交政府部门使用。在这种情况下,社区内部各功能设施的运营主体相对多元,表现为分散主体共同管理,街道(乡镇)、平台公司、行业主管部门、社会组织及专业服务商企业等各自为政,如与政务服务相关的功能由街道负责,菜市场由商务部门管理等,缺乏统筹协调的管理运营机制,社区运营资金长期需要政府定期扶持补贴,无形加大了政府隐性债务的风险。

(二)经营性空间收益尚无法反哺公益性服务成本

从各地实践来看,新建类、旧改类社区项目运营侧重不同,可持续运营主要难点亦不同。

一是新建类社区场景空间不可避免出现盲目追求"大而全"的状况。以 W 市 YL 社区为例,项目规划的公益性空间包括 1750 平方米的社区邻里中心、800 平方米的社区礼堂/议事大厅等,累计建筑面积超过 11800 平方米;惠民性空间包括 10500 平方米的双创办公区。

一个标准的新建类未来社区(20 公顷),其九大场景建筑面积一般都超过 2 万平方米。在城市中心城区的未来社区项目有稳定的客流，经营性空间内可以引入或孵化服务性、增值性社区业态，在填补社区服务缺口的基础上支撑商业运营进而平衡未来社区总体的运营费用，实现空间与资金的双重平衡。但对于城市远郊、相对偏远地区的未来社区项目而言，超过 2 万平方米的九大场景面积有点过大，甚至部分未来社区在创建九大场景过程中，还出现硬抠场景指标，场景"大而全"，但是忽视了居民的现实需求，经营性空间无法盈利，可持续运营存在一定的风险性的问题。

二是旧改类社区场景设施缺口及落地制约大，可利用空间挖掘难。 诸多旧改类社区遵循"避免大拆大建"的工作逻辑，社区配套用房缺口主要集中于邻里、治理、健康三个场景，社区办公、居民活动、养老服务空间缺口较大。其中，社区党群服务中心平均缺口约 250 平方米，社区公共活动场所平均缺口约 150 平方米，养老服务中心平均缺口约 150 平方米。场景空间极其有限，难以引入市场化运营商进行专业运营。与此同时，存量社区经营性空间产权结构相对复杂。既有公产，又有私产，还有集体产。公产是指掌握在政府手中的物业，私产是居民个体通过购买所得，集体产是指归属于全体业主所有的物业经营性用房。复杂的产权主体造成社区场景载体空间的运营意向难以统一，给整体运营工作带来较大阻碍。

（三）数字化平台运维难以可持续

无论是智慧社区，还是未来社区，其顶层设计注重自上而下，大多数还是保持着以"管理"为核心的社区治理模式。

一是平台运维运营资金尚无出处。大多数街道/社区只有智慧运营平台建设费用，在数字运营、平台运维方面没有后续投入，导致平台运维期到期后无后续的迭代升级、运维保障。

二是社区建设尚未打破部门墙，政府间权责边界不清晰，导致重复建设现象明显，而服务供给则呈现碎片化。企业参与智慧社区建设时往往各自为政，甚至有些科技企业形成垄断，打造自己的生态链，导致形成了一个个分散的"信息孤岛"，不同厂家的硬件很难兼容，在大规模推广过程中带来了极大不便。

三是社区层面智慧化运营能否为城市管控提供精确化、系统化决策支撑尚未被验证。社区层面数据整合与治理程度低，App、管理系统、智能产品独立运行，虽然积累了海量的数据资源，但却无法形成成熟的业务体系，加之部门间边界使得数据私有化，缺乏集成和运用。另外，基层政府往往对物联感知、自动获取等新技术手段产生的数据采集、管理及利用不足，无法精准识别社区居民的需求，更无法谈及对社区居民的精准服务。

四是居民学习特色智慧应用成本高，基层专业运维人员缺失，

服务供应体系韧性不足。 社区多个场景对应多个应用，居民学习成本高；同时，数据需求量大，使得基层工作人员工作量大幅增加，且存在重复劳动。多数重硬件投入而忽略供需对接，和业主密切相关的智慧医疗、智慧商业、智慧养老等智慧模块在产品设置、资源整合、服务跟进方面的发展还不充分。与此同时，部分社区的智慧化产品的确不好用，数据互不打通，在应急状态下会出现大量临时、重复工作，基层工作人员难以对辖区内各方信息形成汇总、及时快速发现和解决问题，社区数字运营专业人才较少已成为瓶颈，整体上表现为韧性不足。

（四）老旧物业难持续缺乏解决方案

多数老旧社区在完成升级改造后缺乏一体化运营与品质化的服务，出现"一年新、两年旧、三年恢复原样"的情形，可持续性难以维持。主要有两方面原因：一是基本物业费收缴难。老旧小区物业费普遍较低，平均不超过 0.3 元每月每平方米，较一般城市社区2.5 元每月每平方米）的差额高达 7.3 倍。这导致全省超半数的老旧小区处于无物业或自管自治状态，已完成改造的老旧小区也有超过 40%缺少社区物业或统一运营主体。二是增值服务缺少"现金奶牛"。除物业服务外的其他社区运营类增值服务现金流主要来源于经营性用房及停车位等资产出租，当前各地老旧小区普遍缺少产权集中的经营性用房,同时机动车停车位平均每百平方米不足0.41个,每户仅约0.25个,缺口达既有数量的3—4倍。

　　以H市PY社区为例,1平方公里内老旧小区共计43.4万平方米,有3073户,2023—2027年物业费收缴率按照60%、70%、80%、80%、80%,物业费按照0.5元每月每平方米予以测算,则五年累计亏损极其严重(表4.6)。基本物业费收缴难,可经营物业用房、菜市场、停车位等公共资产紧缺,社区运营现金流来源不足,缺乏自我造血能力,导致市场主体参与积极性不高,长期运维不可持续。

表4.6　H市PY社区老旧小区五年运营金额测算

序号	内容	2023年	2024年	2025年	2026年	2027年
		含税金额/元				
1	管理服务人员的工资、社会保险和按规定提取的福利费等	3,492,960	3,667,608	3,850,989	4,043,538	4,245,715
2	物业共用部位、共用设施设备的日常运行、维护费用	788,165	788,165	788,165	788,165	788,165
3	物业服务区域清洁绿化费用	1,487,380	1,519,060	1,551,690	1,585,300	1,619,917
4	办公费用	158,809	159,841	160,921	162,051	163,235
5	固定资产折旧	20,000	20,000	20,000	20,000	20,000
6	递延资产摊销	11,322	11,322	11,322	11,322	11,322

续表

序号	内容	2023 年	2024 年	2025 年	2026 年	2027 年
		含税金额/元				
7	分摊管理费（收入的 3％）	39,060	39,060	52,080	39,060	52,080
8	法定税费（收入的 6.79％）	53,043	53,043	70,725	53,043	70,725
9	物业成本小计	6,050,739	6,258,099	6,505,892	6,702,479	6,971,159
10	物业服务费收入（拟定）	781,200	911,400	1,041,600	1,041,600	1,041,600
11	合计金额	−5,269,539	−5,346,699	−5,464,292	−5,660,879	−5,929,559
12	逐年累计	−5,269,539	−10,616,238	−16,080,530	−21,741,409	−27,670,968

四、社区可持续运营对策及建议

在共同富裕发展背景下，各级主体以构建"舒心、省心、暖心、安心、放心的幸福共同体"为目标，借助党建引领辖区社区、企业和社会组织各方资源，整合居民、员工、志愿者的人力资源优势，以项目化清单精准匹配居民需求和服务供给，增强在地企业、社会组织与居民间的黏性，形成低成本、自运营、可持续发展格局，实现从"共商共融"到"共治共享"最终到"共进共富"的发展路径。社区要实现可持续运营,可以从以下六个角度分别寻求突破路径。

(一)区域综合规划,以大片区跨社区模式统筹整合资源

通过对原有社区公共场所进行收回、改造或重建,提升社区可利用公共空间面积,因地制宜推进"集聚式""分散式""嵌入式"等多种不同类型的现代社区共富综合体建设。遵循同一区域不同服务功能互补原则,以"跨社区、多主体"模式进行设计,确保每个社区至少处于一个综合体的服务半径之内,在形成覆盖全体居民的综合服务阵地集群的基础上,最大限度避免空间资源浪费。

有效整合社区资源,将社区服务纳入综合体之中,形成导流作用。对资源整体进行摸排,突出重点,先易后难,以点带面,以村带社,集中起来去做。利用好特殊特色资源,着眼长远运营培育。将公益与商业业态相互融合与支撑,将公益性、惠民性、纯商业性空间等资源融合集成在一起,通过公共服务与社区活动导入人流,支撑社区商业发展。

通过联盟片区的组建,划分片区,扩大运营规模,充分发挥规模化效应,形成有效联动共享,扎实推进社区规模优化调整。将社区规模调整与城市建设、资产改制等因素统筹考虑,坚持宜撤则撤、宜并则并、宜建则建,科学制定调整方案。打破原有格局,重构城市基层

组织体系,将物业企业、商圈楼宇等的党组织纳入城市社区党委管理,形成上下贯通、执行有力的城市基层组织体系。将各种服务居民的政策、项目、资金捆绑打包,集中下沉到社区,以联盟片区为主渠道落实。平衡物业、居委会、业委会、社区等多方力量,规模化运营主体,通过长期运营收入平衡改造投入,多措并举解决好资金问题。参考大片区域统筹模式或跨片区统筹模式,把一个或多个相邻社区等的社区建设和改造项目组合,做到项目内部统筹搭配,实现资金平衡。

【案例1】

湖州市吴兴区通过组建"高校智库专家＋社会工作师＋成本核算审计师＋监督员"的专业团队,形成了部门、街道、社区三方"周碰头＋月例会＋季督查"的模式。该区以街道为主体,成立了七家强社惠民公司,由专业团队运营,社区支部书记作为公司股东参与公司日常运营。社区招租都以强社惠民公司的名义向对方收费,资金不上社区的账,而是直接进公司的账。最后社区开源的资金中90%谁开源谁使用,由社区做主,账从公司出,剩下10%由街道统筹使用。

(二)资产资金盘活,强化制度供给激发基层活力

积极探索扩容经营性空间资产,加强对国有资产的有效盘活利用,多元盘活社区存量闲置资产来增加营收,组织市、区两级国有闲置房产大排查"二次盘活"行动,出租配套住房来对社区存量空间复合利用。优化空间资源配置,挖掘并整合社区自有空间、驻区单位空间和居民关联物权空间,建立社区共治机制,将辖区各类资源、议事机制、外部力量有效整合起来,制定出台《社区公共空间管理办法》。保障社区空间硬件基础,开展社区组织活动场所提档升级,通过区域共建、市场化购买等多种方式,完成社区点位的公共空间提档升级,建立社区空间亲民场景。

从土地成本角度,根据《浙江省未来社区建设试点工作方案》,允许未来社区实行带方案土地出让模式,适度降低用地成本,改造提升社区开发强度。通过地上地下增量面积的合理限价租售,来实现资金平衡。进一步创新土地出让制度,鼓励社区开发运营一体化,实施"带方案""限地价、竞自持、竞运营"的供地模式,开发商拿地时提供整体顶层设计、智慧化系统方案、运营服务方案、开发投融资模式,确保项目顺利落地。带方案土地出让后,还应明确监管职责,强化带方案出让后的履约管理。同时,对运营服务给予补贴与特许经营政策。

【案例2】

　　嘉兴市甪里未来社区规划前期，各项前置性条件（包括幼儿园、邻里中心、人才公寓等）都已立项并和房地产公司对接，运营的各项条件标准由城投集团在招投标阶段就确定，社区指导服务直接和区县市对接，物业建立独立服务平台，最终进行招投标。通过政企合作建立了本地化运营机制和生态，增加了用户黏性，释放了数据价值，构建了造血循环，为可持续运营提供了更多可能性。

　　筹集财政资金以外的市场化和社会化资金，以社区发展为目标，实现多元资金的整合和激活。对此，要进一步完善社区发展治理的经费保障机制，加大财政投入和聚焦支持力度，合理匹配财权与事权，加大基层社区财政资金自主使用的权限。要进一步挖掘社区资源，通过多种方式积极发展集体经济和社区企业。着力开发市场化和社会化资源，以项目推进的形式不断与外部的公益基金对接，获取外部项目，造福社区居民。要增强社区的造血能力，支持社区采取股份制、众筹、资产入股等方式发展社区企业，确保社区有独立的经济来源。

积极探索市场化的社区公益慈善合作新方式,培育一批覆盖面广、专业性强的社区服务项目,充分发挥社区基金会"蓄水池"作用,不断增强社区"自我造血"功能,形成政府主导、居民自治、社会组织参与、慈善公益资源支持等多种运营方式,及时回应社区需求,切实提供社区服务,精准解决社区问题,增强社区共同体的凝聚力和向心力,最终实现社区公共空间长期可持续运营。支持项目策划、规划设计、建设运营一体化推进,鼓励功能混合和用途兼容,推行混合用地类型,采用疏解、腾挪、置换、租赁等方式,发展新业态、新场景、新功能。

(三)创新投融资模式,鼓励社会资本参与社区建设运营

充分发挥政府、企业、个人、外资等各方面的投资积极性,多方面拓展融资渠道,解决未来社区可持续运营的资金难题。根据具体项目的不同情况,合理利用银行信贷资金、国债资金等多种模式。坚持投资、回报、风险等由投资主体承担的方式,改善投资主体单一的局面。在社区建设中,作为社会管理和政府公共资金的使用者,政府在投融资体制中的主要作用不在于直接参与具体项目的投资建设,而在于通过制定产业政策、完善投资法规、健全投资服务与优化投资环境,通过小部分的政府资金吸引各类企业的大量资本参与

未来社区可持续运营。除关系国家安全和必须由国家垄断的领域外，其余领域应该允许社会资金以独资、合作、联营、参股、特许经营等方式进行投资。政府应当鼓励社会力量的参与，鼓励和允许外商投资进入的领域，都应向社会投资开放，让更多的部门参与未来社区中公共服务的供给，以便有效利用。

在融资机制方面，应积极探索不同渠道的融资模式，以保障可持续运营工作的正常推进。咨询监督是公众参与的主要措施和避免更新工作偏离目标的重要保障，通过该机制，公众可以随时了解涉及自身利益的更新情况，政府也可以通过公众的反应了解更新工作的问题和实效。

为解决运营项目的资金需求问题，安排特定的财税制度、提供政府专项资金补助、进行针对性的金融创新等均是较为有效的做法。特定的财税制度安排促使可持续运营项目转变成为具有长期稳定现金流的优质资产。当地政府可通过微调所在区域的税收政策，转而便利其发行中长期的以税收增量作为支持的债券，为项目提供融资支持。同时以未来超过核定征税基准的税收来偿付债券本息，最终实现"政府—社会—市场"的良性有机运转。政府专项资金补助将有助于吸引社会资本参与未来社区可持续运营。从经济效益看，当前项目的收益率普遍不高，许多项目还存在未来收益弥补不了成本投入的情形，难以吸引社会资本参与项目开发。对此，政府可通过一定的政策倾斜，如利用专项资金补助社会资本，旨在弥补实际投资收益与预期平均投资回报之间的差距,从而吸引社会资本参与社会效益和经济价值兼具的可持续运营项目。

(四)强化一体化运营单位统筹,科学配置场景设施规模

支持"一体化＋市场化"的"大运营"模式创新,提供"一张蓝图绘到底",创新社会力量参与机制。梳理社区各阶段运营管理的内容与流程,制定一体化设计、规划及建设、业态招商、运营管理等全流程的标准化操作模式。建设中,引入最终负责管理运营的街道或平台公司,充分结合居民需求调查,开展社区服务功能和一体化方案设计,解决建成后再移交运营方管理导致部分必备功能难以植入的弊端。一体化设计能够使服务功能与空间结合更加紧密,便于营造生活服务场景和提升便民服务能力。运营后,破除部门交叉管辖壁垒,明确要求后期运营由原来的根据功能分散的管辖主体转向街道或平台公司统一管理,在管理机制与政策支持上谋求突破,强调多方参与、合作运营,鼓励以购买服务模式委托第三方团队统一进行专业化运营,鼓励社区居民成立志愿服务自组织,提升社区自治能力(图 4.5)。

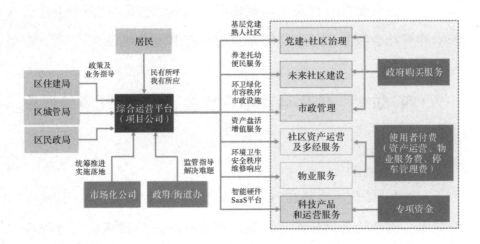

图 4.5　社区"大运营"统筹内容与费用出处

（五）经营性项目收益反哺公益性服务成本,明确合理商业比例

　　未来社区以"自平衡"的运营理念指导运营,运营费用包括基础物业服务费、社区商业运营费用、人才公寓运营费用、九大场景运营费用、数字运营费等;而运营收入包含租金、物业管理费、车位收入和九大场景运营收入等,从传统的理念出发难以实现收支平衡。因此,必须围绕吸引流量的目标设计能吸引周边、本区域甚至外部区域力量的社区商业项目,既能带来稳定的收益,也能为其他运营场景引流,加速培育社区自我造血功能。

一是细分功能类型,构建"公益＋商业"的功能体系。首先,明确九大场景"基本公共服务(公益)＋ 其他生活服务(商业)"的功能业态服务体系,即建立公益与商业两大板块,满足社区居民的实际需求。针对公益板块,重点对公共服务功能细化到小类,整合复用功能相似空间以保证整体功能设置的合理性,如整合文化活动中心的图书阅览室和社区书房,最终形成基本公共服务功能体系,提高公共功能复合集约化效率。对于"邻里中心"或"党群服务中心"等社区综合体,建议推行办公空间最小化、服务空间最大化,营造开放、互动的服务场景,引导构建"一站式"中心,提升便民服务能力。在商业板块,筛选出适宜进入"一站式"中心的生活服务功能类别,制定适宜进入和不适宜进入的其他生活服务业态建议清单,引导商业板块的业态配置。

二是在可持续设计上,借鉴创新性的社区商业运营的经验,以内部偏商业性功能业态的租金收益覆盖社区综合体的整体运营成本,并要求经营性项目定期开展公益服务,由此保障社区综合体的公益性。由于商业类业态"造血"能力明显强于公益类业态,在公益优先的基础上,以商业类业态反哺公益类业态,实现可持续发展;鼓励服务供应商对一定区域内的多个社区进行统筹考虑,保障整体经济平衡;提倡空间复合和融合使用,鼓励相同空间分时使用、不同空间融合使用,如对于美术书法教室、文化教室、市民公益课程培训教室等所需设施相似且特征相近的空间,提倡开展分时共享。此外，以关联性较强、服务群体相似、消费场景相同为原则，评估各功能空间相互融合、共同营造的可能性，进行融合空间指引。例如，对于缝纫店与洗衣店、书店与咖啡馆、便利店与快递自提柜等相关业态，鼓励融合设置、打造生活服务场景；对于线上药店、搬家服务、管道疏通、家电回收等业态，倡导以线上线下结合的方式，与相关生活服务业态融合开展服务，这样既节约实体空间，又能够提高便民生活服务的覆盖度。

（六）打破红线，引入智慧社区运营服务商，实现"街区＋未来社区"一体化运营，破解数字化平台持续投入和品质物业难题

针对未来社区数字化平台建设和运营持续投入的难题，结合老旧类社区住宅物业物理围合不完整、通行设备老化、无物业管理或物业管理难以长效化等情况，建议打破小区红线，引入具有科技运营基因的城市智慧运营服务商，以"全域智能运营"模式"街区＋社区"一体化运营实现降本增效（图4.6）。

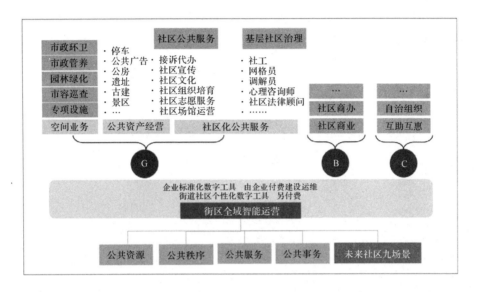

图 4.6　"街区＋社区"一体化运营

　　一是管理空间整合,在区域内打通红线内外,将公共空间当作"大物业"进行管理,实现街区、老旧小区服务一体化。二是业务条块整合,通过专业化的服务总包、模块化的服务划分,梳理并逐步整合一体化区域范围内同质化的环卫保洁、园林绿化、市政管养、市容巡查、环境监测等城市管理业务及供应链体系,推动原有碎片化的供给侧结构性改革,实现公共服务生产的规模效应,从而提升财政资金使用效率。三是运营内容打包统筹。按照浙江省城乡风貌办开展全域推进未来社区试点工作的要求,综合"市政服务＋物业服务＋商业服务"三大运营内容,由智慧社区运营服务商作为牵头单位,联合试点街道、专业场景服务商及社会组织等合力推进全域未来社区创建。四是实现反哺。通过提升城市管理业务的效益、整合区域资产运营,探索一体化运营增收和数字化赋能增效反哺未来社区运营与老旧小区管理,实现"政府出一点、市民付一点、经营补一点"的长效运营模式,弥补老旧小区长效管理缺位,解决城市管理服务品质差等问题,提升居民幸福感与获得感。

附录 1　社区调研报告

自 2019 年浙江省率先进行未来社区的建设以来,社区作为城市的基本单位,不断为城市文化融合、市民凝聚力和幸福感提升提供场地价值。未来社区以人本化、生态化、数字化为价值导向,以和睦共治、绿色集约、智慧共享为基本内涵,基于"一心、三化、九场景"的系统框架,致力于构建具有归属感、舒适感和未来感的新型城市功能单元。

结合全国未来社区治理试点工作和各地区未来社区创新实践,本书选择嘉兴市、杭州市上城区、广州市等地区作为典型案例,展开实地调查。对各地区基层社区、平安建设、科技支撑等展开进一步实地调研,基于不同地区的具体报告形成总体报告。

一、嘉兴篇

(一)嘉兴市未来社区综述

自 2019 年浙江省政府工作报告首次提出未来社区建设以来,嘉兴市发布省内首个市级技术导则《嘉兴市"温暖嘉"未来社区生活圈配置导则》,出台未来社区建设评价办法,主动融入共同富裕典范城市建设、现代社区建设、城乡协调等工作体系,全域一体推进未来社区建设。加快打造"普惠型＋示范型"推进模式，推动未来社区全域覆盖；加快落实共富指数"动态管控"新机制，形成标准化未来社区运营模式。

（二）典型未来社区详述

结合嘉兴市现有未来社区发展状况，选取部分社区进行详述。

1. 南湖街道桂苑社区

桂苑社区是始建于 1999 年的拆迁安置房小区，被列入浙江第四批未来社区旧改类创建名单，成为嘉兴市首个智慧社区样板和老旧小区改造标杆。社区内改造受益 1840 户，共 4769 人。2019 年以来社区进行内部改造换新，2020 年底完成老旧小区改造和智慧社区建设，累计投入资金 1.3 亿元，2022 年居民满意度已经达到 95.62％。社区引入专业物业公司（温暖嘉物业服务有限公司）及运营公司（南数运营科技有限公司），搭建以运营端、居民端、服务端为核心的智慧社区体系。

社区场景建设情况：打造社区智慧管理平台，搭建 5G 云诊室、视频监控、微卡口、人脸门禁等物联社区设施，形成由健康小屋、智慧跑道、智慧书屋、治安管控等组成的系列应用场景，推进大数据智能应用系统建设。其中,社区中心广场改造成为适用于居民活动的智慧跑道,通过面部识别实现运动数据的无感采集,记录居民跑步排名情况并与社区积分挂钩。针对养老,联合志愿服务团队,设置居家养老服务中心、老年大学等养老服务设施,并在独居老人家里安装传感器,使得老人活动轨迹能够同步上传到社区。桂苑幼儿园托育部为 0—3 岁儿童提供托班教育,实现社区内托育学位全覆盖。智慧书屋和嘉兴市图书馆对接,社区居民能够进行书籍归还以及电子书扫码借阅。在社群社团组织方面,建立了六个线上线下结合的社群社团组织。在尊重原有建筑肌理的基础上,实施外立面整修、绿化率提升、电线和通信线路空中飞线排布等老旧小区改造举措,提升社区居住品质,并通过"1＋N"的社区管家团队进行物业可持续运营(图 5.1)。

调研发现桂苑社区存在以下建设亮点:**一是按社区为单位连片创建,实现社区整体功能提升。**以社区网格为基础,建设街道级平台。桂苑社区包含附近七个小区,以打造完整社区为目标,整合各方资源和互联网服务,将街巷改造、公共配套设施等建设内容统一纳入片区改造集中规划。**二是社区业委会建设相对完善,建立了物业公司、业委会、社区治理力量三方组成的红色物业议事机制。**调研时的业委会主任是社区第二党支部书记,个人能力相对较强,便于发挥优势整合各方面资源;但业委会属于纯公益性质,居民自治(业委会)与物业的关系仍需妥善处理。

图 5.1　桂苑社区的居家养老照料中心和线上问诊

调研发现桂苑社区目前仍然存在以下不足：**一是物业工作难以收费，管理事务过于繁琐。**目前社区内物业服务收费标准不够明晰，多项物业工作对居民完全免费，同时，物业费收缴情况不够理想。社区预计通过提升物业服务水平，使得居民产生对物业服务的品质需求，在让居民看到服务之后提升价格。建议进行物业服务商品化、市场化改造，提供完整的工作服务清单，逐步降低居民对物业的依赖心理。**二是政府投资力度大、参与多，目前社区运营模式有待提升。**前期社区内部进行屋面外立面整修、墙面防渗翻修、空调架松动更换等老旧小区改造时，政府投入较多，目前社区的整体运营情况难以实现成本回收。物业公司三年内维持 164 元每户每年物业费不变，通过收取广告费、停车费等弥补物业费亏损。社区内部运营主要依托线上团购，由政府部门进行推动，外包公司负责活动组织，物业公司负责活动落地。建议新增公共空间进行市场化运营，提供收费性服务，促进收支平衡。

2. 南湖甪里未来社区

南湖甪里社区项目隶属浙江省首批未来社区建设试点项目，也是嘉兴市首个未来社区试点项目。项目位于嘉兴市三环路以内南湖新区板块，双溪路、甪里街交界的东部核心区，由华润置地、嘉兴市南投置业有限公司和浙江润嘉置地有限公司共同开发打造。

社区未来建设方向：总规划建筑面积约 34 万平方米，其中包含未来居住社区约19万平方米、未来社区九大场景约3000平方米、自持邻里商业约1.2万平方米、自持人才酒店公寓约1.8万平方米及配建幼15班幼儿园（图5.2）。社区依托地产商与有巢公寓、IBM、润腾、嘉兴二院、云嘉科技、京希科技、翼时科技、UIOT超级智慧家等形成合作，融入数字化与场景化建设。构建完善的社区配套设施，涵盖消费、休闲、工作、教育等多个方面，构建社区"5分钟、10分钟、15分钟生活圈"，使得社区居民获得足不出社区的"一站式"体验。通过将未来社区的数据分析与政府大脑数据交换，实现物业运营资源的整合；以家庭小脑为终端，联通邻里、物业、商业等，定制未来城市业主专属信息沟通平台。以智能一体云诊室联通嘉兴二院，建立未来城市业主电子医疗档案，实现线上问诊及自助购药。社区内包含双邻里中心，辐射带动周边区域共同发展使用。

图5.2　甪里未来社区效果

角里社区存在以下建设亮点：**一是运营前置推进未来社区智慧建设，从造房向造社区转型。**目前社区仍处于建设状态，社区系列治理规划引入 66 个功能空间数字化设备管理，融入智能科技体系，便于后期社区内大数据管理模式的实施。将可能存在的问题优先进行考虑，避免后期重复产生目前社区已有问题。**二是数字化投入建设相对完善。**依托九大场景进行规划建设，创新有机统一的新人居空间建设标准，植入老年活动空间、卫生服务站等配套服务设施。打造未来城市大脑、社区中脑、家庭小脑、移动端 App，便于后期对接"微嘉园""浙里办"等政府统一平台。

角里社区目前尚未投入使用，社区具体运营建设情况仍处于未知的状态。社区内部的居委会等也尚未成立，社区内关于可持续运营等问题仍需后期真正投入使用后再进行探讨。

3. 高照街道运河社区

高照街道运河社区成立于 2007 年 8 月，区域面积 0.26 平方千米，服务范围包括"金都·九月洋房""信达香格里"2 个住宅小区和"老爷车""金棕榈"等商务楼宇。截至 2022 年 10 月，社区户籍人口 3388 人、常住人口 5360 人，新居民 3450 人，党员 56 名，35 岁以下党员 22 名，下设 2 个网格、72 个微网格。社区曾先后荣获"国家级防震减灾社区""省级文明社区""省级民主法治社区""省级绿色社区""嘉兴市文明社区""嘉兴市最受欢迎党群服务中心""嘉兴市先进基层党组织"等荣誉称号。社区现状主要存在以下特点：由学区房改造而成，社区内多为周围学校住宿家庭，社区内学生较多、老年人较少；社区内部楼盘底商较少，可以利用的空间相对有限。

社区数字化建设及应用情况：主要有以"睦"文化为核心的邻里共享空间，包括睦苗、睦学、睦诊、睦味、睦养、睦运、睦阅、睦创。其中，睦苗包括托育点与幼儿食堂，为社区三岁以下婴幼儿提供月托、全日托、半日托等托育服务。睦学每周至少开展两次以上的教育活动，充分满足社区内各年龄段的群体需求。睦诊采取"线上＋线下"相结合的模式，配备西医诊室、中医诊室，以及治疗室、处置室、家庭医生指导室等功能区。睦味重点解决老年人吃饭问题，可以同时容纳40人就餐，通过手机预约点餐或者线下订餐，能够自动扫描菜品识别价格，使用人脸识别结账。睦养是未来健康场景的养老日间照料中心，服务对象主要是社区内生活不能完全自理、半失能的老人，提供为老助餐、生活照顾、康复治疗、健康管理等日间照料服务，采用公建民营服务外包模式，配置四个护理型床位，为居民提供普惠型养老服务。睦运是未来健康场景的24小时免费共享健身房，居民通过小程序进入，分为成年人沉浸式健身互动系统和儿童绘画互动大屏；社区内配置智慧跑道，有三个面部识别杆，可自动测算卡路里（图5.3）。

图 5.3 运河社区的智慧跑道和健身互动系统

　　睦阅是未来教育场景的共享书房,配置电子借还一体机、图书自助杀菌机及"喜马拉雅听书墙",共有图书 3000 册。睦创目前引入了一家抖音直播产教研融合型的企业，提供基础普惠型的工位租赁、沙龙培训等服务，以及直播技术培训、活动竞赛、项目导入等服务（图5.4）。

图 5.4　运河社区的共享书房与创客空间

运河未来社区的居民服务端是"未来高照"小程序,鼓励、引导社区居民注册、使用,进行线上预约、办理等。社区内鹰眼进行 24 小时智能化网络监控,第一时间抓拍现场照片并通过小程序报警。植入的安防报警系统可以 24 小时检测室内的燃气浓度。针对高空抛物的现象,社区配备高空抛物智慧管理系统,通过摄像头捕捉高空抛物行为,准确锁定抛物者。针对消防占道问题的摄像头,发现有消防占道的情况会抓拍现场照片并通过小程序通知工作人员处理。社区内配备防止垃圾乱丢放系统,进行语音提示和违纪抓拍,三次以上拍到错误分类后进行上门反馈。社区内的在线环境监测仪,实时监测并上传 PM2.5、温度、湿度、噪声等环境数据。通过"平台＋端"部署,设备联网 24 小时自运行监测。设立专门的"养老大脑"面板,实时更新社区老年人的健康、照护、订餐、老年活动等各个方面的数据。

特色运营模式:从开源、节流两个角度出发,社区运营所得属于小区公共收益,后期应适度拿出收益反馈社会。地方政府倒逼运营商进行盈亏平衡,运营合同按年签订,考核无法达到合同中标准则实行退出机制。开源部分主要包括:一是自动化付费服务设施实现社区内部的小型盈利。社区内部设置共享充电宝、自动售卖机、智能储包柜、智能筋膜枪等服务类机器,社区采用分润模式进行补贴,进而从共享设备与公共收费设施中实现社区的部分盈利。二是收费类课程培训管理及社区活动筹办。在社区内引入多类型课程,对居民进行培训。前期的基础课程全部免费，后期的高级课程开始收费。收费课程的费用进行分润。同时，社区在举办活动时引入运营商进行投资，吸引社区居民参与获得利润，增进社区的引流能力（2022年9月，社区内共举办32场社区活动，涉及10家运营商）。三是搭建线上采购平台，开创社区新式切口。通过在线平台社区团购，打破内部空间底商少的难题。目前社区内的菜蔬采购是与"叮咚买菜"公司合作，后期计划自行构建采买平台。通过社区团购产生利润，补贴社区工作人员。不断完善平台内容，增加平台内服务类型设置。计划引入社区内快递有偿搬运业务，解决快递入户"最后100米"问题。通过平台引入商家服务社区居民，收取相较于市面上的商业机构而言较低的平台费用，同时尽量实现产地直销售卖。

节流部分主要是增进社区内现代化程度，使用机器降低人工成本。社区内已配备人脸识别、监控探头等多类自动捕捉识别设备，已有280个智能物联网设备。通过社区内部较高程度的数字化手段，降低运营管理人员数量。社区内现有五个线上工作人员。前期社区建设考虑与运营结合，注重建运一体的建设构念，为社区后期运营的设备硬件条件打下较好基础。在项目前期阶段构建较为完善的社区线上平台框架，降低后期客户端的维护运营成本。

通过调研发现运河社区存在以下建设亮点：**一是国资背景的运**

营方。运营方是政企合作成立的运营科技公司,同时也有国资背景。运营团队有较强的兜底能力,定位先投资后收益,依托政府购买服务,为社区初期发展提供重要支持。项目前期的钱款并未计算收回,预计第六年左右实现盈亏平衡。**二是建设前期考虑建运一体,依托线上运营模式。**目前底商全部用于公益机构,无法进行线下底商引商,于是社区依托线上搭建小程序,通过社区接口连接商家,从中进行适度抽成收益。**三是设立创客空间,培育社区达人。**引入创业企业,目前有一家公司入驻——"亮剑互娱",主营互联网短视频制作,有助于促进社区居民学习直播模式,促进社区居民微就业。设置社区达人资源库,利用社群和积分的方式,鼓励其开设各类知识培训课程,建立线上线下相融合的学习资源库和学习共享机制,营造社区的学习氛围。

调研发现运河社区目前依然存在以下不足:**一是社区管理、物业公司、运营团队三者失衡。**目前运营商和物业捆绑,两方责任共同承担,需要避免在居民产生矛盾纠纷时,两方机构出现相互踢皮球。社区居民仅需面向其中一方,无须进行区分。目前尚未进行权责划分,在边界上的讨论较少,待明确的工作职责相对混杂。**二是业委会尚未成立。**后续可以借助业委会等方式,加强业主与多方进行交流,增加居民参与文化活动程度。

二、杭州市上城区篇

（一）上城区未来社区建设背景

　　杭州市上城区自 2019 年开始未来社区的试点工作，其试点社区结合自身特点，积极推动未来社区的治理创新。经过多年的试点创建工作，上城区通过对未来社区数字生活的全方位探索，在基础设施更新、公共空间营造、公共服务共享、数字化改革等社区建设与治理的多方面都取得显著成效。2020 年，上城区获评省级老旧小区改造工作优秀区，五个项目获评"杭州市旧改最佳案例"。

　　区域内的试点社区依托于全省数字化改革的要求，找准民生领域小切口，建设集服务端、治理端于一体的智慧服务平台；着力挖掘老旧小区的闲置空间，全方位打造社区公共生活，因地制宜做实九大场景建设；通过入户访谈、问卷调查、恳谈会等形式，广泛征求居民意见，由居民"下单"确定社区改造的范围和内容；同时立足于宋韵文化特点，结合南宋皇城遗址所在地的文化基因优势，增强社区文化归属感，提升社区活力。

(二)调研社区选取与介绍

结合杭州市上城区情况,本书选取上城区内的小营街道小营巷社区、凯旋街道景芳社区、采荷街道荷花塘社区、闸弄口街道红梅社区、南星街道复兴街社区、望江街道始版桥社区、彭埠街道杨柳郡社区这七个省级未来社区进行调研。其中,杨柳郡社区作为全省未来社区首批创建验收项目得到省委、省政府的高度肯定,其建设理念得到"新闻联播""新华社""光明日报"等新闻媒体的报道。

整理 2021 年数据发现,上城区的七个省级未来社区的总直接受益人数达到 4.93 万人,其中老年人口占 19.05%,直接帮助低保低边户 170 户、残障人士 1089 人。七个省级未来社区共新增停车位 1326 个,加装电梯 37 台,新建邻里中心面积 9194.7 平方米,为推进九大场景建设奠定良好的基础。在"一老一小"服务中,未来社区已经实现居家养老服务、老年食堂的全覆盖,全部社区增加托幼场所共五处,新增托幼场所面积共 949 平方米(表 5.1)。

表 5.1　2021 年杭州市上城区未来社区新增情况

指标	说明	小营巷	景芳	荷花塘	红梅	复兴街	杨柳郡
车位	原车位数量/个	120	270	—	320	619	4020
	新增车位数量/个	100	210	500	167	349	0

续表

指标	说明	小营巷	景芳	荷花塘	红梅	复兴街	杨柳郡
电梯	电梯加装数量/台	3	5	18	8	3	0
邻里中心	新增邻里中心面积/平方米	400	2723	351.7	4300	620	800
养老	是否提供居家养老服务	是	是	是	是	是	是
	社区提供床位数量/个	75	10	—	31	64	31
	是否有老年食堂	是	是	—	是	是	是
托幼	新增托幼场所数量/个	2	1	1	1	—	0
	新增托幼场所面积/平方米	220	300	129	300	—	0

注：始版桥社区为拆迁重建社区，因新社区正在施工建设中，无法提供准确数据。

（三）未来社区建设的特点

上城区基于七个省级未来社区试点项目，不断提升社区环境、改善社区基础设施，加强社区治理、文化建设和社区公共服务的创新与发展，体现精神富足和数字化改革赋能的鲜明特征，形成以下建设特点。

1. 党建引领建设，提升社区基层治理能力

上城区在未来社区的创建工作中，牢牢把握基层治理的重点，推动重心下沉。以社区"邻里坊"为抓手，推进"双网共生"的治理模式创新。针对社区服务诉求多样化、服务资源分散化的问题，将党建、综治、民政力量整合到网格上，将区级机关干部、街道663联系服务小组、社区责任社工等力量下沉至网格，实现网格资源效能的最大化。充分利用市、街道、社区三级智慧平台，以"网络化支撑"推动治理升级，以杭州市智慧党建系统为基础，以街道智慧治理"云平台"系统为抓手，以"凯e通"网格微管站为支撑，形成覆盖问题收集、流转、处置、反馈的一体化全流程系统，进而提升基层治理的效能，提升民众满意度。

2. 提升数字化水平，助力新型居住环境建设

在上城区推进未来社区建设的过程中，数字化管理设施在强化居民生活保障中发挥着重要作用。彭埠街道杨柳郡社区作为整合提升类未来社区，运用与外部数据连接的健康管理系统，建设未来社区数治系统。以人脸识别技术实时查验小区出入人群的健康码状态，结合"未来健康屋"对社区内居民的年龄、疾病史、疫苗接种情

况等数据进行实时统计，形成高效的社区安全防护网。上城区各社区借助数字技术，应用数字管理设施，为社区的高效治理提供科技支撑。

3. 改善停车难现状，引导社区居民规范泊车

各个社区通过多种方式缓解社区内部停车乱、停车难的问题：一是多渠道扩充停车位，极力寻求地下泊车空间，合作开发地下车库项目。荷花塘社区在其辖区内的采荷二小校区改造时，在社区内现有操场的地下建造可容纳500余辆车的地下车库；复兴街社区利用旧改项目扩充车位，开放社区内的夜间停车位，使小区总车位数从619个增加到968个。二是改造优化社区道路，挖掘潜在的地面空间。利用旧改项目，优化停车标线与小区道路，形成人车分流、规范停车的社区空间。三是通过志愿团队，由居民志愿者进行夜间巡逻，有效规范社区居民的泊车行为。

4. 关注"一老一小"，补齐公共服务短板

上城区将社区层面公共服务的优质共享作为重要的发展目标，以"一老一小"的需求为重心，不断补齐老旧小区教育、幼托、养老、医疗卫生等公共服务短板，将优质的公共服务资源更多地惠及全体居民。

创新社会化社区康养服务模式，促进社会养老保障体系完善。上城区将社区养老服务供给创新作为重点工作方向，致力于打造社会化、全方位、多层次的社区养老服务系统。全区共建成街道原居安养中心 22 家、社区康养驿站 168 家，其中社会化运营 137 家，社会化运营率达到 72％。在康养服务系统建设中，注重以市场化运作模式推进，培育、引进多家优质为老服务企业和社会组织在社区层面提供养老服务。以街道居家养老服务为中心，联合周边医疗卫生机构、社会力量等康养资源因地制宜打造康养联合体。目前已建成街道康养联合体五家，保证各社区失能失智、失能高风险老年人都可以获得高质量的养老服务。

创新社区幼托服务模式，切实减轻居民育儿负担。上城区多个社区在街道的支持下，积极与本区的教育部门和学校展开沟通，多方协商采取创新性的校区制度安排，为本地居民引入优质教育资源。荷花塘社区引入采荷第二小学，复兴街社区引入胜利教育集团，并创新性地采用区分不同年龄段的分校办学模式，避免优质教师资源分布不均的问题。同时，上城区的试点社区普遍重视社区幼托功能的开发。一方面，针对老旧小区周边专业幼托机构稀少的情况，建立志愿平台引导社区居民互帮互助。红梅社区在社区内建立"红梅学堂"，共两层，占地 800 平方米，在一楼开设幼托班，在二楼开设青少年晚托班，不仅提供社区儿童放学后的自习场所，还鼓励社区内的退休教师居民担任志愿者，为社区儿童提供作业辅导。另一方面，社区还积极引入专业化的幼托、艺术辅导机构等入驻。杨柳郡社区在其内部的开放式空间"好街"内嵌入多家 0—3 岁专业托育中心、艺术辅导机构、儿童兴趣社团，使居民足不出社区即可享受到优质的托育服务。

5. 营造公共空间，搭建居民共治共享互动场所

上城区立足于"大社团、大组团"的理念，在各试点社区建设邻里中心，拓展社区公共空间。老旧小区因规划时未重视公共空间的作用，存在空间预留有限、功能空间分布不合理、配套设施匮乏等问题，无法满足居民日益增长的对美好生活的需要。通过积极开辟新空间、整合碎片化资源、盘活存量空间，有效解决老旧小区公共空间不足的缺陷。在建设阶段，通过对原有社区公共场所进行收回、改造或重建，提升可利用的公共空间面积。其中，红梅社区与景芳社区通过整合旧有空间，分别拓展 4300 平方米和 2723 平方米的新公共空间。在设计阶段，因地制宜打造适应各社区实际情况的邻里中心，基于社区居民现实需求场景设计功能分区，对接相关的商业、社会组织、居民社团进驻。在后续运营阶段，注重邻里中心的共享与可持续运营，以"跨社区、多主体"的模式设计邻里中心，确保每一个社区都至少处于一个邻里中心的服务半径之内。复兴街社区在原农贸市场的基础上新建社区邻里中心，并将周边小区纳入服务范围。这样既实现了公共空间资源的有效共享，又避免了大规模重建

带来的资金压力与资源浪费。

同时,盘活社区存量资源,构建居民互动场所。上城区各试点社区在空间营造中将社区原有的垃圾房、自行车棚、小型公园等设计不合理且使用率低的空间进行重新设计开发,并充分考虑居民在日常生活中的互动场景,实现同一空间的功能置换。荷花塘社区在对原垃圾房、自行车棚改造的基础上,新建晓荷书房、红茶议事厅、老年食堂等多个互动场所,使得居民的阅读、交流、养老等全方位需求被共同满足,促进共治共享社区生活形态的达成。

6.创新文化治理,提升居民精神文化富足程度

在社区层面,除打造硬件设施提升居民生活的便利度与舒适度之外,调动居民参与社区治理的积极性,提高社区居民对社区公共事务的参与感,在社区公益慈善与志愿服务中能体会到的助人之乐也可以让居民感到身心愉悦,提升其精神文明的富足程度。同时,基于公益慈善与志愿服务的治理创新是在基本单元内探索第三次收入分配的重要尝试。上城区高度重视社区慈善文化的培育,利用数字技术搭建公益服务平台,动员居民广泛参与社区服务与社区治理。在实践中通过社区社会组织连接公益慈善资源,搭建数字化积分兑换平台,围绕社区居民的实际需求发布志愿活动项目,招募社区居民作为志愿者参与社区治理,居民可通过志愿服务赚取公益积分,换购附近商家商品与服务。

7. 探索加装电梯新模式，满足无障碍出行需求

上城区采取创新性的加装和运营思路，按照"应装尽装"原则，为多个老旧社区楼栋安装电梯。在前期准备阶段，结合旧城改造项目规划，进行管网改造与基坑建设。在运营上，改变原有的一次性购买模式，转为按月租用模式。通过有效的市场机制，居民需负担的建设成本大幅降低，大大减轻了装电梯的阻力。

（四）今后发展方向建议

当前，上城区未来社区的建设还处于探索阶段，在实践中还有一些亟待深化和解决的问题。本书针对这些问题提出以下建议。

1. 加大数字化牵引社区改革力度

以数字技术赋能基层减负，建立街道与基层条线行政部门之间的任务协调机制，避免行政任务摊派式下放加重社区工作者负担。推动数字治理系统下沉，提高数字技术在社区工作中的应用程度，解决数据多头报、重复报问题，真正实现基层减负。整合基层治理与服务力量，建立面向群众的社区服务前台。解决公共服务供给部门化、碎片化的弊端，提供全方位、整合性的公共服务，切实增强群

众社区生活的获得感与幸福感。

2. 创新可持续的社区运营模式

依托社区的智慧平台,发挥数字经济和市场配置资源优势,鼓励有条件的社区推广"平台＋管家"物业服务模式。从现有物业公司管理社区的机制,转型为由生活服务平台运营商加专业服务供应商组合的服务交易机制,形成一种基本物业服务由居民支付转为由相关社区运营企业支付、增值物业服务由居民自行承担的收费模式。建立便民惠民社区商业服务圈,完善现代供应服务管理,精选各类商业和服务配套最优质供应商并在社区推广。综合考虑经营性用房、智慧运营等收益与物业服务成本,合理确定经营用房占比,实现社区运行的可持续发展。完善物业服务长效运营的支持性制度,在政策上对一些由历史原因造成产权不清的社区公建配套用房开放房屋产权登记,增加社区运营的可用空间资源。

3. 支持社区慈善文化创新探索

适度放宽相关募资规定,鼓励通过街道财政出资、企业赞助、社区居民自主捐赠等多样化渠道募集资金,推进更多社区成立社区基金会。在成立社区基金会的基础上,引导各社区基于自身特点、需求进行基金会的功能设计,使社区基金会成为社区建设的捐赠服务平台、项目资助平台及社会组织培育支持平台。在社区基金会平台上，积极培育和引导专业社会组织、社区工作者、社会慈善资源等社会力量进入社区参与社区服务与治理，形成"五社联动"的社区志愿服务模式，鼓励居民基于自身能力与需求参与社区志愿服务。

三、广州篇

（一）广州市越秀区三眼井社区调研

三眼井社区位于广州市越秀区洪桥街，处于市区内地段，周边环境及空气优，旺中带静，生活设施及娱乐设施齐全。社区面积仅0.18平方千米，2021年该社区居住人口约1.1万人，60岁以上老人有3098人，占比近1/3，是典型的老旧小区和老龄化社区。社区坚持以人民为中心，着力构建共建共治共享的基层治理格局，深化强党建、善治理、优服务，下"绣花功夫"打造多方参与的共建体系、联建联动的共治机制、幸福宜居的共享氛围，实现"老故事新传承""老社区新面貌""老街坊新生活"，全力打造共建共治共享社区的"广州样本"。

1.社区建设情况

在社区治理方面:打造智慧社区、品质社区。在改造前和改造中,洪桥街道、三眼井社区居委组织辖内居民街坊、设计单位多次召开老旧社区改造自治议事会,设计师向居民讲解社区改造的目的,通过发放改造居民调研问卷,了解居民对社区改造服务的真实需求,收集居民的建议和意见,融入改造方案,并开设微改造专栏,及时发布各类告知书、温馨提示和施工进展。

三眼井社区党委将旧楼加装电梯作为书记项目,引导居民成立加装电梯业主委员会,发动党员骨干、热心楼长牵头组织成立筹备小组,推动电梯加装工作顺利进行。社区已安装电梯 31 部,完成率达 81%,在越秀区名列前茅,切实解决了居民"上楼难"的问题。另外,通过推进房屋建筑修缮、实施立面整饰、"三线"整治,将原来杂乱的高空线路重新梳理和修饰,实现环境美化和景观优化,营造干净舒适的人居环境。

在技术层面:三眼井社区通过打造电信 5G 智慧社区平台,积极引入智慧管理元素,设置社区便民服务一体机终端,为居民提供税务、民政等便民服务,形成"随时随地随心办"的社区服务网络。此外还发挥全国科普示范社区优势,引入新技术设备,如进出口人脸识别设备、高空抛物摄像头、白蚁检测器(松木一被啃就报警)、消防通道摄像头(被占用报警)、下水道检测器(水位过高报警)、广场摄像头(人群聚集报警)、垃圾桶检测器(满了报警)、毒蛇报警器、内涝报警器等,既实现了社区的智能化管理,又提高了社区治理和服务的智慧化水平。

在社区运营方面:由华润旗下三级子公司——润高智慧产业有限公司负责社区建设运营产业导入及提供物业服务。润高收入组成为政府购买、产业导入、居民付费三个方面,目前处于亏损状态。

小区内提供24小时打印机、鲜奶售卖机、充电桩等设备。电梯相关项目有加装电梯、梯控等。加装电梯由居民自己出钱,政府补贴10万,大修由居民出钱。

梯控具有应急响应作用。加装梯控价格为每月每部700元,30部电梯中19部已经加装梯控。

在社区服务层面:三眼井党群服务站与社区居委会和党群服务站两个场地融为一体,将社区管理和居民服务体验融为一体,上下联通,建成社区党群服务站图书馆、科普教育基地等综合功能室,着力提升服务居民群众的便捷性、实效性。

此外,三眼井社区党委深入贯彻落实"令行禁止、有呼必应"共建共治共享社会治理格局的工作要求,紧抓网格化治理平台建设,通过网格化的精细治理,建设社区"令行禁止、有呼必应"综合指挥调度中心,还创新"网格长＋网格员＋网格助手"工作体系,由党员、居民群众担任"网格助手""楼栋管家",组织带领居民群众参加"党群志愿服务队",积极解决社区外部环境问题。

在党建工作方面:三眼井社区党委坚持党建引领为主心骨,充分发挥社区党组织领导核心作用和党员先锋模范作用,做强社区"大党委",做优党组织和党员"双报到"机制,做好共建共治共享协调委员会,做到社区党委牵头、党员建言献策、居民积极参与。自2020年3月正式启动社区改造工作以来,社区在近一年的时间里召开了六次党建联席会议和八次三共委员会会议,党组织和在职党员"双报到"已累计开展服务活动 90 余次,参与的党组织 64 个,参与的在职党员 1600 多人次,在创建文明城市工作中,党组织和党员的"双报到"队伍为社区服务做出了突出贡献。

2. 现存不足和未来提升空间

第一,**人车混行影响老幼群体的安全。**社区主街并未实现人车分流,车辆虽然较少但是速度较快。年纪较大的社区居民均在访谈中反映,老人儿童行走在主街上缺乏安全感。虽然社区内机动车不多,但是共享单车、电动自行车经常停放在社区人行道上,造成现有步行路线被割裂或被侵占的情况。由于路面多次修整,街道表面无障碍设施中断,婴儿车、老年人轮椅难以通过。

第二,**社区的特征、可识别性有待加强。**三眼井社区是古代客家人的集聚区,在这里,以前经常响起客家山歌。正是这样的地方特质,成为居民情感认同的基础。随着城市化的发展,这些民俗文化并没有保留的条件和支撑空间,社区空间缺乏可识别性。

第三,缺乏体验感强的空间。虽然约80%的受访老人和儿童每周会到访社区公共空间3—4次,但儿童在三眼井社区公共空间中探索的愿望不大,大多数儿童使用公共空间的原因是"晒太阳",而非"体验"与"探索"。

第四,缺乏全龄段适用的户外空间。社区内缺乏老幼共同活动的户外公共空间。社区老人的主要日常活动类型均为散步等运动量较小的休闲活动,且白天大部分老人的主要活动是带孙辈外出活动。据居民反映,三眼井社区内缺乏适合老幼共同活动的户外场所。

(二)广州市鱼珠街道瓦壶岗社区调研报告

瓦壶岗社区临近瓦壶岗公园并因该公园得名。社区成立于2000年4月,管辖范围包括大沙地西1—77号、鹤林苑生活区、锦田花园等,总面积约1.3平方千米。社区总居住人员1036户,人口数3602人,其中外来暂住人员290户,人口数870人。社区现有工作人员五名,其中女性四名,大专以上学历五名。几年来,在街道党工委、办事处的领导下,社区结合自身实际开展各项工作,并获得"五好居委""安全社区"称号。

1. 社区建设情况

在社区治理层面:打造全域服务治理,倡导居民参与,政府、企业和社区多方共治,实现社区可持续发展。做好居民思想教育工作,在增强居民共建意识的同时扭转居民观念,使居民形成有服务就要付费的意识。并且在加装电梯等项目中,做好居民意见的协调工作。

在社区安保方面实现街道治安队、治安队员与企业安保联动。针对社区老旧设施进行改造、加建工作。通过设置垃圾定时投放点、监督微改造辖内小区等社区管理服务,将瓦壶岗社区打造得更满足居民群众的生活需求,并在公告栏上公开透明政务信息。

在社区服务层面:急居民所需,做到"三不出",即"小事不出楼栋,大事不出社区,难事不出街道"。把一些事务交给企业,辖区内企业参与街道对点扶贫,改善辖区内居民生活。定期关怀社区内独居老人。利用数字化平台辅助,针对不同人群提供服务,如儿童、孤寡老人、孕妇等。

打造15分钟生活圈,以社区为"圆心",以居民群众需求为"半径",15分钟步行可达的范围内有着各类便民的公共服务设施,功能包括基础教育、医疗服务、市政公用、金融邮电、商业服务和福利养老。

在技术及运营层面：积极推进智慧社区建设，对接企业合作，运用数字化技术实现社区有效管理，如垃圾分类智能化、智慧门禁、智慧消防等，并且切实考虑其中出现的侵犯隐私问题。目前全域治理经费主要来源于政府补贴、业务经费、企业造血。通过整合所有条线，一个平台在多方面营收，补贴到没有政府资金补贴的社会治理的某些方面，实现不增加政府现有支出，降本增效。

在社区文化建设层面：举办特色文化活动，营造社区特色文化。例如，打造文化长廊以展现居民故事，给居民一个自我展现的平台，增强社区记忆。扎实推进创文工作。将主题教育党日与创文宣传相结合，营造浓厚的创文氛围；将爱国卫生运动与创文"周末卫生日"活动相结合，通过成立社区环境清洁志愿者队伍，在社区大力开展环境清洁整治行动，极大地改善社区卫生环境，提高社区文明水平。

2. 现存不足和未来提升空间

第一，目前还尚未形成系统完善的全域治理机制。原因在于，首先，该地区2022年才开始全域治理试点，虽有工作指导方案，但暂时没有全域服务的相关规定，政府目前也没有确切的量化指标。

其次,相关服务事项需要示范先行,但目前示范的口子开得不大,需要先行启动,再分步确定实施方向。

第二,运用数字化技术过程中出现的侵犯隐私问题亟待解决。在数字化管控过程中,监控系统、人脸识别系统、视频抓拍系统在方便社区管理的同时难免侵犯到居民隐私,引起居民不满,如何划分个人隐私与公共生活间的界限问题尚有待研究解决。

第三,数据共享技术尚且存在不足。主要表现为各条线、各层级都研发了自己的小程序,且各小程序、智能码不互通,因而各部门、单位各自为政,导致最终压力叠加在基层。

附录 2　党建引领提升社区物业服务功能责任清单

项目	具体内容
突出党建引领社区治理工作主线	制定《关于全面提升党组织领导下的社区业委会和物业协同服务功能的意见》
	召开党建引领社区治理工作推进会,部署推进物业行业党建、社会组织党建、街道社区党建
	建立全区业委会和物业管理重大问题协调解决小组,建立物业管理联席会议制度
	纳入全区"大党建"考核体系,将提升业委会和物业协同服务功能列入街道和住建、政法、民政、城管等部门党建工作责任清单
强化物业行业党建进入,加强监管指导	理顺物业公司党建工作管理体系,形成区住建局党委统一领导、全面负责,属地街道协助配合的管理格局
	研究制定《物业行业党建工作方案》,落实行业管理和监督职责
	对于入驻辖区服务的所有物业公司,有三名以上党员的物业公司或公司下属物业服务管理处建立党支部;目前无党员或不足三名党员的,上级公司有党组织的,下派党员骨干建立党支部,没有党组织的,物业公司建立群团组织,创造条件建立党组织
	组建区级物业行业协会,建立协会党委,由区住建局党委领导,区住建局分管领导兼任协会党委书记,将物业公司党支部纳入行业协会党委管理
	建立物业管理行业规范标准和管理监督制度,制定年度工作方案,年初部署目标任务,每月召开协会党委工作交流会,每半年与街道党工委进行一次协同会商,年底开展物业管理和党建工作考核
	建立街道"房管站"党支部,探索"房管站"驻点各街道开展工作的模式
	推动行业协会党委开展"党建带行风"系列活动,推行物业管理社会监督机制,建立物业管理信用评价体系,完善企业信用信息档案,规范物业服务企业准入和退出制度,强化物业行业的自律管理,督促物业提升公信度和服务水平

续表

项目	具体内容
强化社会组织党建进入，加强培育牵引	引入培育专业社会组织，探索社会组织党建对业委会规范化的牵引路径
	指导社会组织牵头住建、政法、民政、城管等部门，实施开展业委会成员的专业培训，重点加强对党建业务、政策法规、社区公共事务治理、运用业主大会议事规则和业委会指导规则等内容的教育培训
	创设物业论坛、业主沙龙等交流载体，引导业委会依法依规开展工作
强化街道社区党建进入，加强兜底支撑	理顺业委会党建工作领导体系，形成街道党工委统一领导、社区负责、区住建局等部门支持参与的领导格局
	对辖区内业委会党组织建设情况进行分析研判，全面推进业委会党组织覆盖。对已具备条件的业委会，建立党支部；暂不具备条件的，通过街道选派第一书记、街道党委派党员社工，积极动员党员业主特别是机关企事业单位在职党员进入，创造条件建支部，探索将未转入党员组织关系的党员一并纳入建立"兼合式"党组织
	理顺业委会党组织的领导体系，把业委会党支部纳入社区党组织的日常管理。业委会负责人是党员的，要担任支部书记；负责人不是党员，业委会成员中的网格支部成员要兼任支部书记
	以社区组织换届为契机，健全社区议事协商委员会建设，对暂不具备条件实现交叉任职的业委会和物业公司负责人，吸纳为议事协商委员会成员
	将物业管理纳入社区协商，引导业委会成为协商主体，规范问题协商程序，加强事前协调和事中协商，定期开展工作交流，建立制度化、程序化、常态化的三方沟通互动机制

项目	具体内容
健全抓人促事运行机制，提高领导治理水平	全面领导业委会的组建和运行工作，严格设定业委会成员"五不能、六不宜"资格条件，在社区集中换届和业委会任期换届中，强化人选把控，着力提高业委会成员中的党员比例，选好配优业委会负责人
	全面介入业委会任期换届工作，指导业委会把坚定政治方向、协同服务功能写入业委会管理规约，领导业委会的组建和换届选举工作
	抓好党员业主的培育，摸排掌握机关企事业单位在职党员中的专业性人才及社区志愿者，建立业委会建设的梯队储备库
	结合业务监管工作加强物业行业党建，推动物业公司党支部落实党内政治生活关键举措，发挥支部教育管理党员队伍功能，实现对物业行业的正向引领作用
	区级党建工作领导小组每年专题听取部门和街道工作情况汇报
	区级党建工作领导小组每季度分析研判党建报表，以工作进度督查和问题导向，加强党建制度执行的过程管理
	建立业委会和物业管理重大问题协调解决小组，结合平安建设和城管民政部署，召开工作推进会
	以党建工作和物业服务"双百分"考核为抓手，细化物业公司星级评定办法，将党建报表、部门行业评价、街道会同社区和社会组织综合评价、业委会评价、居民满意度评价等情况纳入星级评定标准
	落实对物业公司的考核评定，强化结果运用，考核定级结果与物业公司的准入资质挂钩，为业委会选聘的重要依据
	探索在社区居委会下设环境和物业管理委员会，督促业委会和物业公司履行职责；探索把加强对业委会和物业的日常监督纳入社区居务监督委员会职责

续表

项目	具体内容
健全抓人促事运行机制，提高领导治理水平	实行业委会经费使用季度公示、业主大会集体审议制度，每年通过社会组织对业委会的财务进行审计，监督审计结果向社区党组织、议事协商委员会报告，并接受群众监督
	每年对获得星级评定和监督审计优胜的物业公司、业委会给予激励
实现智慧治理，提高协同服务绩效	整合智慧党建和区智慧治理中心平台，实现网格党建数据互联互通
	研究开发"网格微管站"统一模块，将业委会和物业公司力量融入社区问题智慧化处置网络，实现物业管理"问题及时发现、快速反应协商、协同督办解决"的闭环回路
	将规范业委会和物业运行、解决矛盾问题纳为走访主题，开展问题解决情况晾晒评比

附录3 物业管理党建工作星级评定标准

考核项目	考核内容	考核标准	分值
党员管理（30分）	党员基本情况登记表	建立支部党员信息台账,5分;登记表信息齐全,5分	10
	党费收缴台账	党费收缴及时,5分;台账完整,5分	10
	党员发展	有年度党员发展计划,5分;入党积极分子培养、党员发展程序,手续正确且材料齐全,5分	10
组织管理（30分）	"三会一课"	每月召开支委会(党小组会),2分;每季度组织专题党课,2分;每季度组织党员大会,2分;每年组织专题组织生活会,4分;台账完整,5分	15
	党员固定活动日（主题党日）	每月组织开展党员主题活动,5分;活动通知、签到、记录、照片台账齐全,5分	10
	"双争双评"（党员承诺践诺制度）	支部所有党员每年公开承诺践诺,5分	5
党建品牌建设（20分）	党员评议	每季度开展党员评议,5分;评议结果公开,5分	10
	"一支部一亮点"	有支部年度总结和计划,按时换届,5分;明确"一支部一亮点"主题和创建举措,5分	10

续表

考核项目	考核内容	考核标准	分值
宣传共享和阵地建设（20分）	党建信息宣传	建立党建信息宣传渠道,5分;向支部、街道社区、上级党委、市(区)协会投稿并被录用宣传,5分	10
	阵地建设	建立党建阵地,2分;党员权利义务上墙,2分;支部党员亮身份,2分;季度星级党员评定结果公开上墙,2分;支部活动信息上墙,2分	10
合计			100

附录 4　社区可持续运营模型及自评表

一、可持续运营导向的"街区＋社区"(市政＋物业＋商业)运营模型

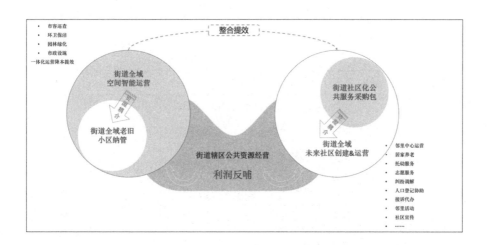

二、社区可持续运营自评表

序号	主项	分项	金额/元					备注
			第一年	第二年	第三年	第四年	第五年	
"市政＋物业＋商业"模式下未来社区收入来源								
1	社区化公共服务采购	邻里中心等社区综合体运营						持续采购，整合进入活动运营和用户运营
2		长者：居家养老/社区食堂等						
3		幼儿：婴幼儿驿站						
4		妇幼：家庭综合服务						
5		综合：社会心理咨询服务						
6		其他						

序号	主项	分项	金额/元					备注
			第一年	第二年	第三年	第四年	第五年	
7	市政服务采购	街巷保洁/垃圾分类督导						持续采购，按收入的5%降本计提为未来社区收入
8		市政环卫保洁						
9		市政设施管养						
10		市政园林绿化						
11		综合巡查(市容、治安等)						
12		其他城市空间服务						
13	商业运营/多种经营	停车(公建停车场/道路泊位)						统筹经营，按利润的70%计提为未来社区收入
14		停车配套(充电桩等)						
15		可经营资产(公房/社区用房)						
16		公共场地租赁(口袋公园、广场市集……)						
17		广告(公共广场广告/公交广告/智慧平台广告)						
18		社区IP文创周边						
19		智慧运营(积分/商城等)						
20		其他						

续表

序号	主项	分项	金额/元					备注
			第一年	第二年	第三年	第四年	第五年	
未来社区一体化运营成本								
21	基础服务成本	邻里中心等社区综合体基础物业服务						
22		邻里中心等社区综合体水电耗成本						
23		运营团队人员成本						
24		行政办公等开支						
25	一体化运营成本	用户运营						
26		活动运营						
27		内容运营						
28		产品运营(含运维、迭代)						
盈余/缺口								